प्रत्यंङ्गिरा का प्रयोग अमोघ है। शीघ्र फलदायक हैं पर खेद है कि बहुत कम साहित्यों में इसके बारे में लिखा गया। मेरुयन्त्र, मन्त्रमहोदधि में प्रकीर्ण अवस्था में लघु प्रयोग मिलते हैं। प्रत्यंङ्गिरा स्तोत्र के नित्य पाठ मात्र से परकृत्य कर्म तो नष्ट होते ही हैं साथ ही अतिदरिद्री व्यक्ति भी कुबेर तुल्य धनवान हो जाता है। इस पुस्तक में सर्वप्रथम विनियोग, प्रत्यंङ्गिरा का मन्त्रोद्धार, करन्यास, हृदयादिन्यास, दिग्बन्धन और जप के लिए प्रत्यंङ्गिरा मन्त्र का विशेष उल्लेख किया गया है। प्रत्यंङ्गिरा साधना का विधान, प्रत्यंङ्गिरा देवी की प्राणप्रतिष्ठा के मन्त्र, कलशपूजन, यन्त्रपूजन, पादुका पूजन, प्रत्यंङ्गिरा सहस्रनाम, प्रत्यंङ्गिरा की फलश्रुति पर विशेष प्रकाश डाला गया है। प्रत्यंङ्गिरा प्रयोग नामक इस पुस्तक को पढ़कर, प्रबुद्ध पाठकों व जिज्ञासु साधकों को कांच की भांति स्पष्ट हो जाता है कि यह विद्या शत्रुओं का नाश करने में, परकृत्य कर्म को नष्ट करने में शीघ्र फलदायी है।

प्रत्यंङ्गिरा सम्पूर्ण प्रयोग

परकृत्य पीड़ा, अनिष्टनाशक एवं शत्रुनाशक अमोघ प्रयोग,
अत्यन्त गोपनीय एवं दशमहाविद्या पर आधारित सारगर्भित,
हानि रहित शास्त्रीय प्रयोग

पं.रमेश द्विवेदी

एम.ए. संस्कृत (साहित्य)

सलाहकार और आशीर्वचन

डॉ. भोजराज द्विवेदी

डायमंड बुक्स

प्रकाशक : डायमंड पॉकेट बुक्स (प्रा.) लि.
X-30 ओखला इंडस्ट्रियल एरिया, फेज-II
नई दिल्ली-110020
फोन : 011-40712200
ई-मेल : sales@dpb.in
वेबसाइट : www.diamondbook.in

Pratangira Sampoorna Prayog
By : Pt. Ramesh Dwivedi

भूमिका

आज प्रत्येक चार में से तीन व्यक्ति शत्रुकृत कर्म पीड़ा से पीड़ित हैं। हमारे ज्योतिष कार्यालय में 70 प्रतिशत लोग प्राय: यही शिकायत लेकर आते हैं कि हम पर किसी ने कुछ अनिष्ट करा रखा है जिससे हमारी उन्नति अवरुद्ध है। कठोर परिश्रम करने पर भी परिश्रम का फल नहीं मिलता। अनेक प्रयत्न करने के बावजूद भी लक्ष्य की प्राप्ति न होने से हैरानी होती है।

कई मन्त्र साधक, अनुष्ठान प्रेमी भी आते हैं और कहते हैं कि बगलामुखी का विधिवत् अनुष्ठान किया फिर भी न तो शत्रु का नाश हुआ, न शत्रुकृत पीड़ा से मुक्ति मिली। अभी हाल ही में एक माथुर परिवार मेरे अत्यधिक सम्पर्क में आया। उसके चार पुत्रियां थीं, पुत्र नहीं। चारों कन्याएं अत्यधिक सुन्दर, अत्यधिक आधुनिक पढ़ाई-डिग्रियों से युक्त, पर किसी का भी विवाह नहीं हो रहा। बड़े-बड़े समाचार-पत्रों में विज्ञापन भी दिये। बायो-डाटा प्रकाशित करवाकर चित्र सहित कई जगह भेजे परन्तु परिणाम शून्यवत ही रहा। बहुत बाद में जाकर पता लगा कि उनके घर पर, उनके ही रिश्तेदार ने कुछ ऐसा कृत्य करा रखा था कि घर में कोई मंगल-कार्य हो ही न सके। ऐसे में प्रत्यंङ्गिरा एकमात्र साधन है—जो परकृत्य अनिष्ट को समाप्त करने में पूर्णत: सक्षम है। माथुर परिवार ने इस प्रयोग को किया और उनके घर में विवाह का मंगल कार्य हुआ।

दिल्ली में मेरे परिचित एक जैन परिवार में दो लड़के, दोनों उच्च एम.बी.ए. की शिक्षा में प्रथम श्रेणी से उत्तीर्ण, कद-काठी में सुन्दर, शरीर स्वस्थ, व्यक्तित्व आकर्षक, बातचीत में प्रवीण, पर योग्यता के मानदण्ड के अनुपात में नौकरी नहीं मिल रही। लड़कों की उम्र बढ़ती जा रही थी, विवाह योग्य हो गये पर बड़े शहरों में पहले आजीविका फिर विवाह के बारे में सोचा जाता है। माता-पिता चिन्ता कर-करके परेशान हो गये। देखते-देखते दोनों लड़के 34 व 36 वर्ष की उम्र को पार कर गये। एक दिन रविवार को प्रात: 4 बजे लड़के की माता को उनके पितृदेवों ने दर्शन दिये और बताया कि कुटुम्ब के अमुक व्यक्ति ने तुम्हारे बच्चों की उन्नति को कीलित कर रखा है। उस जैन दम्पत्ति ने तुरन्त स्थानीय पंडितों से सम्पर्क कर कई पूजा-पाठ, हवन कराये पर उल्लेखनीय सफलता नहीं मिल पाई। प्राय: श्मशान-प्रक्रिया, काला-जादू, बंगाली तन्त्र, मुस्लिम प्रयोगों का तोड़ हवन-पूजा पाठ से शतप्रतिशत नहीं होता। अन्त में थक-हार कर उन लोगों ने फरवरी 2005 में मुझसे इस विषय पर विशेषज्ञ की दृष्टि से सम्पर्क किया। तुरन्त प्रत्यंङ्गिरा प्रयोग की व्यवस्था की गई। प्रयोग सम्पूर्ण होने के तीन माह के

भीतर लड़के की विदेश में नौकरी लग गई। वहीं विदेश में बसी भारतीय लड़की को लड़का पसन्द आ गया। माता-पिता की रजामन्दी से शादी विदेश में हो गई। रिसेप्शन का भव्य आयोजन दिल्ली में हुआ।

मेरे एक राजनीतिज्ञ शिष्य की महिला मित्र को मुख्यमन्त्री बनने की तीव्र महत्वाकांक्षा थी। उनकी वह महिला साथी (नाम गोपनीय) मन्त्र-तन्त्र, पूजा-पाठ, यज्ञ-हवन में अटूट आस्था रखती थी तथा त्रिपुरा सुन्दरी की अनन्य भक्त थी। अनेक धार्मिक अनुष्ठान कर रखे थे। कई वैदिक विद्वानों से लगातार सम्पर्क बना रखे थे। पर प्रत्यंङ्गिरा प्रयोग करते ही तीन माह के भीतर उन्हें अकल्पनीय राजपद की प्राप्ति हुई। सारे राजनीतिज्ञ शत्रु नष्ट हो गये, अधिक क्या कहें... देवराज इन्द्र जब राक्षसों के हाथों पराजित हो गये। इन्द्रासन छिन गया तो प्रत्यंङ्गिरा प्रयोग से ही उन्हें वापस राजपद की प्राप्ति हुई थी।

प्रत्यंङ्गिरा प्रयोग अमोघ हैं। शीघ्र फलदायक हैं पर खेद है कि बहुत कम साहित्यों में इसके बारे में लिखा गया। मेरुयन्त्र, मन्त्रमहोदधि में प्रकीर्ण अवस्था में लघु प्रयोग मिलते हैं। बम्बई में एक उद्यमी को युवावस्था में असाध्य रोग हो गया। अच्छा-स्वस्थ शरीर था, लक्ष्मी की कृपा थी। राजनैतिक पहुंच भी थी। फिल्मी हस्तियां उसके घर आती-जाती थी। पहले उस सज्जन (नाम गोपनीय) को श्वास की तकलीफ हुई, इलाज करवाया तो हृदय रोग की चेतावनी मिली। डाईबिटीज हो गई, ब्लड-प्रेशर बढ़ गया। उच्च डॉक्टरों के सम्पर्क में निरन्तर इलाज कराते हुए भी एक दिन डॉक्टरों ने उसे कैंसर रोगी घोषित कर दिया। समस्त प्रकार के घातक व असाध्य रोगों ने उसके शरीर पर कब्जा कर रखा था।

जितना वह इलाज करवाता, रोग बढ़ते ही चले जाते। सब प्रकार की दवाईयां, सब प्रकार की थैरेपी (ऐलोपैथी, आयुर्वेदिक, होम्योपैथी, प्राकृतिक चिकित्सा, योग थैरेपी) वगैरह निष्फल साबित हो चुकी थी। डॉक्टर लोग रोग की जड़ को पकड़ नहीं पा रहे थे। दरअसल वह उद्योगपति परकृत्य अभिचार से पीड़ित था। उसके समान व्यवसाय वाले व्यापारी ने उसके शरीर के अनुपात की पुतली बनाकर, उसमें सुइयां चुभोकर उसे श्मशान की जमीन में गाड़ रखा था। जैसे-जैसे वह पुतली गलती जा रही थी, उस युवा उद्योगपति का शरीर भी गलता जा रहा था। इस बात का तब पता चला जब उसके निजी चिकित्सक हैरान व परेशान हो चुके थे एवं उसकी सगी बहन के शरीर में देवता आये और मुंह से बोलकर बताया कि जमीन से पुतली निकालो तभी यह बालक बच सकता है। बम्बई जैसे शहर में कौन व्यवसायी दुश्मन है? कहां रहता है? पुतली कहां गाड़ रखी है इन बातों का पता लगाना नितान्त असम्भव था। विषय विशेषज्ञ होने से अन्त में वह पूर्णत: बिगड़ा केस हमारे पास आया। बम्बई, सिंगापुर, इजिप्ट हमारा निरन्तर आना-जाना बना रहता है और कोई विकल्प नहीं था हमने विपरीत प्रत्यंङ्गिरा का प्रयोग वैदिक विद्वानों को आमन्त्रित करके जोधपुर में ही प्रारम्भ किया।

अनुमानित शत्रु के नामों की पुतलियां बनाकर, उसे लाजा, गोघृत, सरसों, तिल व नमक की 267 आहुतियां देकर भस्मीभूत कर दिया। उस भस्मी को समुद्र के पानी में प्रवाहित कर दिया। देवकृपा जाग्रत हुई, युवा उद्योगपति चमत्कारी ढंग से ठीक हो गया। सारे रोग नष्ट हो गये। शरीर वापस पुष्ट हो गया। अब सारे चिकित्सक-डॉक्टर पुनः हैरान व परेशान हो गये कि यह चमत्कार कैसे हो गया? शास्त्रों में स्पष्ट लिखा है:-

'सद्यो नीरोगतामेति यदि स्यान्निर्भयस्तदा'

पुराने जमाने में बलवान शत्रुसेना से भयग्रस्त होने पर अल्पजनशक्ति वाला नेता प्रत्यंङ्गिरा का प्रयोग किया करता था।

'शत्रूपद्रवमापन्नो युज्यात्तन्नष्टये मनुम्'

बैंगलोर में एक मारवाड़ी परिवार के पांच भाईयों का परिवार संयुक्त रूप में रहता था। लक्ष्मीजी की उस परिवार पर बड़ी कृपा थी। हरा-भरा परिवार सभी स्वस्थ प्रसन्न। किसी बात की कोई कमी नहीं। उनका परस्पर-प्रेम एवं व्यापारिक उन्नति कई लोगों को आंख की किरकिरी बन चुकी थी। मनुष्य स्वाभाविक रूप से ईर्ष्यालु प्राणी है। उनके समाज के लोग, सम्मान व्यवसायी उनसे भयंकर जलन व ईर्ष्या करने लगे थे। एक बार उनके घर के आगे खड़ी इनोवा कार की अचानक चोरी हो गई। अलमारी में से कुछ कपड़े गायब हो गये। चोरी का पता न चला, बात आई-गई हो गई पर उस दिन से उस परिवार के दुर्दिनों की शुरुआत हो गई। व्यापार में निरन्तर घाटा होने लगा। उधारी बढ़ गई। खेत-खलियान बिक गये। फैक्ट्री गिरवी रखनी पड़ी। घर के सभी वाहन, वैभव प्रदर्शन की सभी सामग्रियां एक-एक करके समाप्त हो गईं। रिश्तेदारों ने मुख मोड़ दिया। घनिष्ठ मित्र भी शत्रुवत् व्यवहार करने लगे। कई प्रकार के कोर्ट-केस दीवानी-फौजदारी मुकदमों में भी परिवार उलझ गया। घर की स्त्रियां के सभी गहनें बिक गये। कई प्रकार के व्रत-उपवास, हवन-पूजा-पाठ भी किये। श्रीसूक्त के हवन भी किये गये पर आर्थिक स्थिति दिन-प्रतिदिन बिगड़ती चली जा रही थी। चारों तरफ से निराशा घर कर चुकी थी, इसके बाद वह परिवार हमारी शरण में आया।

प्रत्यंङ्गिरा की फलश्रुति में स्पष्ट लिखा है:-

''अनाचांतः पठेन्नित्यं दरिद्रो धनदो भवेत्''

प्रत्यंङ्गिरा स्तोत्र के नित्य पाठ मात्र से परकृत्य कर्म तो नष्ट होते हीं हैं साथ ही अतिदरिद्री व्यक्ति भी कुबेर तुल्य धनवान हो जाता है। हमने संकल्पपूर्वक प्रत्यंङ्गिरा पंचांग के 1008 पाठ करा कर दशांश हवन कराया। फैक्ट्री जो नीलाम होने जा रही थी, उसको कोर्ट से स्टे मिल गया। लम्बे अन्तराल के बाद पहली जीत के साथ लक्ष्मी जी का पुनरागमन प्रारम्भ हो गया। धीरे-धीरे दरिद्रता नष्ट होकर आर्थिक स्थिति पुनः सुदृढ़ होने लगी। अतः प्रत्यंङ्गिरा का प्रयोग बहुविध उत्तमादिउत्तम लाभ को देने वाला है। प्रत्यंङ्गिरा पंचांग एवं प्रत्यंङ्गिरा स्तोत्र एक दो लघु पुस्तिकाएं खेमराज वैंकटेश्वर प्रेस मुम्बई से कई

वर्षों पूर्व छपी थी जिससे हमें मूल सामग्री प्राप्त करने में सहायता मिली। पर व्यावहारिक धरातल पर ये पुस्तकें अधिक उपयोगी नहीं थी। कर्मकाण्ड जगत् में, मन्त्र साधना के क्षेत्र में प्रत्यंङ्गिरा प्रयोग की सम्पूर्ण विधि पर सामग्री का नितान्त अभाव यथावत बना हुआ था। मां सरस्वती जी की प्रेरणा से इस विषय पर मेरी लेखनी चल पड़ी।

इस पुस्तक में सर्वप्रथम विनियोग, प्रत्यंङ्गिरा का मन्त्रोद्धार, करन्यास, हृदयादिन्यास, दिग्बन्धन और जप के लिए प्रत्यंङ्गिरा मन्त्र का विशेष उल्लेख किया गया है। प्रत्यंङ्गिरा साधना का विधान, प्रत्यंङ्गिरा देवी की प्राणप्रतिष्ठा के मन्त्र, कलशपूजन, यन्त्रपूजन, पादुका पूजन, प्रत्यंङ्गिरा सहस्रनाम, प्रत्यंङ्गिरा की फलश्रुति पर विशेष प्रकाश डाला गया है। प्रत्यंङ्गिरा प्रयोग नामक इस पुस्तक को पढ़कर, प्रबुद्ध पाठकों व जिज्ञासु साधकों को कांच की भांति स्पष्ट हो जाता है कि यह विद्या शत्रुओं का नाश करने में, परकृत्य कर्म को नष्ट करने में शीघ्र फलदायी है। इस पुस्तक के संशोधन व संवर्धन में जोधपुर विश्वविद्यालय के प्रो. डॉ. सत्यप्रकाश दुबे का सहयोग विशेष उल्लेखनीय है।

मंत्र साधना के क्षेत्र में प्रवेश करने के लिए, साधना क्षेत्र में सफलता हेतु दिव्य दीक्षा प्राप्ति के निमित्त, अनेक जिज्ञासु सज्जनों के पत्र व टेलीफोन आते हैं कि क्या आपके कार्यालय में मंत्र-साधकों हेतु दीक्षा की व्यवस्था है? गुरु पूर्णिमा पर परम गुरुदेव डॉ. भोजराज द्विवेदी के सान्निध्य में मंत्र-दीक्षाएं दी जाती हैं। अनेक धार्मिक अनुष्ठान भी समय-समय पर आयोजित किए जाते हैं। विशेष अवसरों पर मंत्र-दीक्षा के लिए पाठकों को 'समर्पण पत्र' भरकर विशेष दीक्षा हेतु प्रार्थना-पत्र भेजने चाहिए।

भारतीय दिव्य विद्याओं के प्रचार-प्रसार हेतु हमारा कार्यालय सदैव सजग है। अभिमन्त्रित यंत्र व रत्न, परिमार्जित यंत्र उपलब्ध कराना, हमारे कार्यालय की प्रथम प्राथमिकता है पर उसके लिए उत्कृष्ट जिज्ञासा, हृदय की शुद्ध समर्पण भावना अति अनिवार्य है। आप अपने अनुभव भी हमें लिखें मार्गदर्शन प्राप्त कर सकते हैं। परन्तु मार्गदर्शन हेतु टिकट लगा, जवाबी लिफाफा ही आपके कार्य को गति दें पाएगा। विशेष साधना व अनुष्ठान हेतु 108 कुंण्डीय जाग्रत यज्ञ कुण्डों व नक्षत्र वृथों की स्थापना गांव-उम्मेदनगर तहसील ओसियां में हो चुकी हैं। साधकगण अपनी सुविधानुसार व्यवस्थापक से पूर्व अनुमति लेकर यहां निःशुल्क ठहर सकते हैं तथा अपनी मनइच्छित साधना सिद्ध कर सकते हैं।

धन्यवाद

–डॉ. भोजराज द्विवेदी

130, ए रोड, मरुदीप अपार्टमेन्ट,

सरदारपुरा, जोधपुर (राज.)

दूरभाष : 0291-2637359 कार्या., 0291-6520513 कार्या.

09314713513 मोबाइल

लेखक परिचय

विश्वविख्यात ख्यातिप्राप्त डॉ. भोजराज द्विवेदी के सुपुत्र पं. रमेश द्विवेदी एकादश पीढ़ी के नवोदित ज्योतिषी हैं। इन्होंने परम्परागत ज्ञान के अलावा एम.ए संस्कृत (साहित्य) में प्रथम श्रेणी में उत्तीर्ण किया। पं. रमेश द्विवेदी एक उदीयमान के नक्षत्र के रूप में ज्योतिष जगत में अवतरित हैं। गत 15 वर्षों से वे अज्ञातदर्शन (पाक्षिक) एवं श्रीचण्डमार्तण्ड पंचांग वार्षिक का कुशल सम्पादन करते चले आ रहे हैं।

ज्योतिष क्षेत्र में 'शीघ्रबोध', 'प्राचीन भारत में मौसम विज्ञान' और हाल ही में प्रकाशित 'शाबर मंत्र' ने उनकी पुस्तकों की मांग पूरे भारत और विदेशों में बढ़ा दी है। युवा पीढ़ी के व्यस्ततम् ज्योतिष महर्षि पं. रमेश द्विवेदी द्वारा रचित प्रस्तुत पुस्तक 'प्रत्यंङ्गिरा सम्पूर्ण प्रयोग' एक कालजयी कृति है, जिसका मूल्यांकन प्रबुद्ध पाठकगण स्वयं अपने विवेक से कर पायेंगे।

1. **हस्तरेखा विभाग**—सन् 1981 में डॉ. भोजराज द्विवेदी द्वारा अंगुष्ठ से भविष्य ज्ञान एवं पांव तले भविष्य नामक दो पुस्तकें प्रकाशित हुईं। सामुद्रिक शास्त्र की दुनिया में इस नये विषय को लेकर हंगामा मच गया। पाठकों ने इन पुस्तकों को काफी सराहा तथा इनके अनेक संस्करण छपे। सन् 1992 में **ज्योतिष और आकृति** विज्ञान तथा सन् 1996 में **हस्तरेखाओं का गहन अध्ययन** दो भागों में प्रकाशित हुए। अपने 40 वर्षों के सघन अनुसंधान में दो लाख से अधिक हस्तप्रिन्ट के परीक्षण व अध्ययन से अनुभूत प्रस्तुत पुस्तक पर इस विषय पर छठे पुष्प के रूप में पाठकों को समर्पित की है। **हस्तरेखाओं का रहस्यमय संसार** नामक यह कृति किसी भारतीय विद्वान् द्वारा लिखी गई संसार की श्रेष्ठ एवं बेजोड़ पुस्तकों में सर्वोपरि है। इस पुस्तक की कीर्ति ने जरमिन, कीरो एवं बेन्हाम जैसे विदेशी को मीलों पीछे छोड़ दिया। डॉ. द्विवेदी भारत के पहले व्यक्ति हैं, जिन्होंने हस्तरेखाओं को कम्प्यूटर पर लाने का अद्‌भुत प्रयास किया है। अभी यह कार्यक्रम 'अंग्रेजी' में है। शीघ्र ही हिन्दी, गुजराती, मराठी व अन्य भाषाओं में इसका अनुवाद व संशोधन हो रहा है। हस्तरेखा विभाग में अनुभवी विद्वान् दिन-रात काम कर रहे हैं। आप अपना हैण्ड प्रिन्ट भेजकर, उनका फलादेश डाक द्वारा प्राप्त कर सकते हैं। प्रिन्ट पर प्रश्न भी पूछ सकते हैं। यह विभाग भारत ही नहीं, अपितु विदेशों में अपने ढंग का अनोखा एवं सर्वोच्च कीर्ति प्राप्त करने वाला विभाग होगा। जहां से इस विषय में लोगों को नया प्रकाश व प्रेरणा बराबर मिलती रहेगी।

2. **ज्योतिष विभाग**—इस विभाग के अंतर्गत विभिन्न कम्प्यूटर लगे हैं जो गणित एवं फलित दोनों प्रकार की जन्मपत्रियों का निर्माण करते हैं। व्यक्ति क़ी जन्म तारीख, जन्म समय एवं जन्म स्थान के माध्यम से जन्मपत्रिका, वर्षफल, विवाह पत्रिका, प्रश्न पत्रिका आदि का निर्माण सूक्ष्मातिसूक्ष्म गणित सूत्रों द्वारा होता है। सही जन्मपत्रिका यदि बनी हुई है तो उस पर विभिन्न प्रकार के फलादेश करवाने की व्यवस्था भी उपलब्ध है। हमारे यहां 'हैण्ड प्रिन्ट' देखने की सुविधा एवं चेहरा देखकर भविष्य बताने की विद्या का चमत्कार केवल उन्हीं सज्जनों को प्राप्त है, जो हमारी संस्था अज्ञातदर्शन सुपर कम्प्यूटर सर्विसेज के संस्थापक, संरक्षक या आजीवन सदस्य है। **अज्ञातदर्शन सुपर कम्प्यूटर सर्विसेज** के सदस्यों, व्यापारियों व उद्योगपतियों को वरीयता के साथ हम नियमित ज्योतिष सेवाएं घर बैठे भेजते हैं। इसके लिए निःशुल्क प्रपत्र अलग से प्राप्त करें। फलित ज्योतिष एक साफ्टवेयर 'सृष्टि' के नाम से बन रहा है। जो अब तक का सबसे अनुपम व अद्वितीय कार्य होगा।

3. **वास्तु विभाग**—हमने 'इंटरनेशनल वास्तु एसोसिएशन' की स्थापना कर रखी है। हमारे केन्द्र के वास्तुशास्त्रियों द्वारा वास्तु संबंधी विभिन्न त्रुटियों व दोषों का परिहार पूर्ण विधि-विधान से किया जाता है। यदि व्यक्ति नक्शा भेजता है तो उस पर भी विचार-विमर्श करके सही स्थानों को चिह्नित व संशोधित करके नक्शा वापस भेज दिया जाता है। जो सज्जन 'वास्तु विजिट' कराना चाहते हैं, उन्हें एडवांस ड्राफ्ट भेजकर समय निश्चित कराना चाहिए। वास्तु शास्त्र पर लेखक की अनेकों पुस्तकें हिन्दी व अंग्रेजी में प्रकाशित हैं। जो अपने आप में रिकार्ड उपलब्धि हैं।

4. **यंत्र विभाग**—विद्वान् ब्राह्मणों की देखरेख में विभिन्न प्रकार के यंत्रों का निर्माण शुभ नक्षत्र, दिन व मुहूर्त में किया जाता है। यंत्र बनने के पश्चात् उसमें विधिवत् प्राण-प्रतिष्ठा करके ही भेजे जाते हैं। इस बात का पूरा ध्यान रखा जाता है कि सभी यंत्र यजमान द्वारा निर्दिष्ट धातु में सर्वशुद्ध तरीके से बनाए जाते हैं। सभी यंत्र लॉकेट में उभरे हुए होते हैं तथा बनने के पश्चात् निर्दिष्ट गंतव्य पर रजिस्टर्ड डाक द्वारा भेज दिए जाते हैं। वी.पी. नहीं की जाती। वी.पी. के लिए आधा एडवांस प्राप्त होना अनिवार्य है। कार्यालय द्वारा अभिमंत्रित व सिद्ध यंत्रों का सम्पूर्ण सूची-पत्र अलग से प्रार्थना कर, प्राप्त किया जा सकता है।

5. **रत्न विभाग**—अनेक जिज्ञासु सज्जनों के विशेष आग्रह पर हमारे यहां विभिन्न रत्नों एवं राशि रत्नों के विक्रय की व्यवस्था की गई है। भाग्यवर्द्धक अंगूठियां एवं लॉकेट भी पूर्ण विधि-विधान के साथ बनाए जाते हैं। एक मुखी रुद्राक्ष, स्फटिक मालाएं, पारद शिवलिंग, हत्था जोड़ी, सभी प्रकार के तंत्र की सामग्री असली होने की गारंटी के साथ दी जाती है। इस विषय की सम्पूर्ण जानकारी हेतु सूची-पत्र अलग से प्राप्त करें।

6. **विविध धार्मिक अनुष्ठान**–संस्थान द्वारा 108 कुण्डीय पवित्र यज्ञ-कुण्डों, दस महाविद्याओं की जागृति 'श्रीपीठ' की स्थापना हो चुकी है। यहां पर विभिन्न प्रकार के दुर्योगों की शांति हेतु, व्यापार-व्यवसाय में रुकावट दूर करने हेतु, द:ख, क्लेश, भय, रोग से निवारण हेतु प्रेत बाधा एवं शत्रु को नष्ट करने हेतु, राजयोग, पद, प्रतिष्ठा की प्राप्ति हेतु धार्मिक अनुष्ठान, यज्ञ, पूजा-पाठ एवं शांति कराने की सभी सुविधाएं भी उपलब्ध हैं। भारत एवं विदेशों में 'सामूहिक काल सर्पयोग' शान्ति कराने का श्रेय हमारे इस संस्थान में ही किया जाता है।

7. **प्रकाशन विभाग**–जो कुछ भी शोध कार्य कार्यालय के विद्वानों द्वारा होता है, उसको निरन्तर प्रकाशित किया जाता है। ज्योतिष, आयुर्वेद, वास्तुशास्त्र, हस्तरेखा एवं प्राचीन भारतीय गूढ़ विद्या संबंधी पुस्तकों का प्रकाशन भी विभाग द्वारा किया जाता है। अब तक डॉ. द्विवेदी द्वारा 500 पुस्तकें लिखी जा चुकी हैं जिसमें से 400 के लगभग प्रकाशित हो चुकी हैं। इसके अतिरिक्त हमारे कार्यालय से दो नियतकालीन प्रकाशन अनवरत रूप से चल रहे हैं।

   1. **अज्ञातदर्शन (पाक्षिक)** 1977 से प्रकाशित, 2. **श्री चण्डमार्तण्ड पंचांग** एवं कैलेण्डर (वार्षिक) 1987 से नियमित प्रकाशित होते रहते हैं।

8. **श्रीविद्या साधक परिवार**–प्राय: सम्मोहन, यंत्र-मंत्र-तंत्र विद्या में रुचि रखने वाले अनेक जिज्ञासु सज्जनों, छात्र-छात्राओं के अनेक फोन व पत्र पूज्य गुरुदेव से मार्गदर्शन प्राप्त करने हेतु उनसे दीक्षा प्राप्त करने हेतु, मंत्र शिविरों में भाग लेने हेतु आते हैं। ऐसे जिज्ञासु साधकों को सर्वप्रथम **'श्रीविद्या साधक परिवार'** का सदस्य बनना होता है। श्रीविद्या साधक परिवार से जुड़ने के बाद ही ऐसे जिज्ञासु सज्जनों को परमपूज्य गुरुदेव का पत्र या स्नेहिल सान्निध्य प्राप्त होता है। इसके अतिरिक्त सर्वधर्म सद्भाव सेवा ट्रस्ट, अन्तरराष्ट्रीय वास्तु एसोसिएशन, लायंस क्लब इंटरनेशनल इत्यादि अनेक संस्थाओं के प्रमुख पद पर प्रतिस्थापित होकर डॉ. भोजराज द्विवेदी का बहुआयामी व्यस्त व्यक्तित्व, मानव सेवा के अनेक संगठनों व रचनात्मक कार्यों से जुड़ा हुआ है। अत: बिना पूर्व सूचना व स्वीकृति के मिलने की चेष्टा न करें।

विनम्र निवेदन–बाहर से पधारने वाले जिज्ञासु सज्जनों से विनम्र निवेदन है कि बिना कोई अत्यधिक ठोस कारण के परमपूज्य गुरुदेव से मिलने का दुराग्रह न रखें। सर्वश्री डॉ. भोजराज द्विवेदी से मिलने के लिए टेलीफोन नंबर-2637359, फैक्स-2431883, मोबाइल-094600-50359 पर पूर्व निश्चित करके ही मिला करें। यह आपकी और कार्यालय दोनों की सुविधा के लिए अत्यंन्त जरूरी है।

–आचार्य सोमतीर्थ

इंटरनेशनल वास्तु ऐसोसिएशन (रजि.)
130, प्रथम ए रोड, अज्ञातदर्शन कॉम्पलेक्स, मरुदीप अपार्टमेन्ट
सरदारपुरा, जोधपुर (राज.)
दूरभाष- (0291) 2637359, फैक्स- (0291) 2431883, मोबाइल-5520513
अति विशिष्ट कार्य हेतु (0291) 98290-40883

अनुक्रमणिका

श्री प्रत्यंङ्गिरा देवी महिमा

'पद्म' का अर्थ है 'मंगल'। भक्तों का सदा मंगल करनेवाली इस देवी को भद्रकाली नाम दिया गया। इस भद्रकाली देवी को ही प्रत्यंङ्गिरा देवी भी कहते हैं। प्रत्यंङ्गिरस, अंगिरस नामक दो ऋषियो ने इस देवी से संबंधित मंत्र को पहचाना, इसलिए इन दोनों के नामों को मिलाकर प्रत्यंङ्गिरा देवी का नाम पड़ा ।

क्रोध से उत्पन्न होने के कारण इसे 'क्रोध संभवाया', क्रोध को नाश करने के कारण इसे 'क्रोध समणी' तथा उग्र होने के कारण 'उग्रा' नाम से भी इस देवी को बुलाते हैं। प्रत्यंङ्गिरा देवी को और भी कई नामों से बुलाते हैं । ओंकार स्वरूप बनकर मुक्ति प्रदान करने के कारण इसे 'भक्ति मुक्ति बलप्रदाय' नाम से भी बुलाते हैं । संपूर्ण ऐश्वर्य उपलब्ध होने के कारण से इन्हें 'सकल ऐश्वर्य धारिन्यै' नाम से भी बुलाया जाता है । भक्तों को नवग्रह की बाधा से रक्षा करने के कारण से 'नवग्रह रूपिन्यै' भी कहते हैं। 9 वर्गों में विभाजित 48 श्रवण मंत्र इनकी ख्याति का हमें बोध कराते हैं इसलिए इन्हें 'अदर्वन भद्रकाली' भी कहते हैं ।

श्री सर्पेश्वर का प्रकट होना

मानव शरीर में सिंह का सिर धारण नरसिंह आक्रोश के साथ, हिरण्य कश्यप को अपने गोद में रखकर, हृदय को फाड़कर, आंतें निकाल माला रूप में पहन लिया इतना ही नहीं उन्होंने उसका खून भी पी लिया। इस कारण से रजोगुण की अधिकता होकर, क्रोध कम न होते हुए, बहुत ही उग्र होकर, संपूर्ण पृथ्वी को भयभीत कर दिया। भयभीत होते हुए देवताओं ने क्रोध कम करने के लिए नरसिंह मूर्ति से प्रार्थना की। उनकी प्रार्थना से प्रफुल्लित नरसिंह और भी उग्र हो गये ।

देवताओं ने देवेन्द्र से जाकर कहा कि उनकी प्रार्थना से भी उनका क्रोध कम नहीं हुआ। उसके बाद देवेन्द्र और देवता ब्रह्मा से प्रार्थना करने गए। उन्होंने कहा कि इस क्रूर नरसिंह रूप के निकट नहीं जाया जा सकता। अगर उनका क्रोध शांत करना है तो हम सभी को प्रह्लाद के पास जाकर प्रार्थना करनी होगी। प्रह्लाद ने देवताओं की पीड़ा को

जाना और तब उन्होंने नरसिंह से शांत होने की प्रार्थना की। नरसिंह ने प्रह्लाद को गोद में बैठाकर गले लगाया और संतुष्ट हो गए किंतु उनकी क्रोधाग्नि अभी भी शांत नहीं हुई। अब देवता और अधिक दुखी हुए उन्होंने अब विनायक के सम्मुख जाकर प्रार्थना की। विनायक ने देवताओं का सांत्वना देते हुए नरसिंह की क्रोधाग्नि शांत करने के लिए अपने वाहन में बैठकर रवाना हुए। वह भी नरसिंह के सामने प्रार्थना करते थक गए किंतु वह शांत नहीं हुए अपितु क्रोध के साथ-साथ मुंह से भी क्रोधाग्नि निकलने लगी। अंत में देवताओं ने सभी को असफल देखते हुए परमेश्वर शिव के पास जाकर प्रार्थना की। उन्होंने देवताओं की मदद और नरसिंह के कोध्र को कम करने के लिए वीरभद्र को भेजा।

शिव के आदेश से वीरभद्र नरसिंह के पास गए और उनके पैर पर गिर कर क्रोध रूप को शांत करने की प्रार्थना की। इस बार भी नरसिंह क्रोध कम न करते हुए वीरभद्र अपने सींगों से लड़ाई करने लगे। वीरभद्र भी दुखी होकर शिव से फिर प्रार्थना की तो शिव ने हजारों करोड़ सूर्य के प्रकाश समान रूप बनाते हुए हुंकार नाद उत्पन्न करते हुए भयंकर रूप दिखाकर, दो नेत्रों को तानते हुए सर्पेश्वर रूप में प्रकट हुए। फिर भी नरसिंह की उग्रता कम नहीं हुई और वह शिव से युद्ध करने लगे। सर्पेश्वर (शिव) ने युद्ध के दौरान आकाश में उड़कर दोनों पंख हिलाए। जिससे हवा उत्पन्न हुई। इससे नरसिंह का क्रोध कम हुआ। फिर नरसिंह की युद्ध की इच्छा भी क्षीण होती चली गई। थोड़ी ही देर के नरसिंह के शरीर से कन्द पेरुण्डम नामक पक्षी उत्पन्न हुआ। वह ऊपर उड़कर सर्पेश्वर से युद्ध करने लगा। 18 दिन युद्ध चला फिर सर्पेश्वर युद्ध रोकने के इच्छुक हुए।

प्रत्यंङ्गिरा देवी प्रकट होना

सर्पेश्वर के पंखों में से एक के रूप में प्रकट भद्रकाली, शिव के माथे से निकले आग की उग्रता को सहन कर प्रत्यंङ्गिरा देवी के रूप में प्रकट होकर नरसिंह के साथ युद्ध में प्रतिनिधि करनेवाले पेरुण्डम पक्षी को खा लिया। सर्पेश्वर अपने दोनों पंखों से नरसिंह को आलिंगन किया।

स्वच्छ मन वाले नरसिंह अपने कार्य से दुखित होकर, सर्पेश्वर के साथ 18 दिनों तक युद्ध करने के कारण से उसकी याद में शिव को 18 श्लोकों से प्रार्थना किया। यही सर्पेश्वर के 108 अष्टोत्र नामावली बनी।

इसके बाद, सर्पेश्वर व नरसिंह दोनों एकत्रित जैसे 'पानी और पानी, दूध तथा दूध, घी तथा घी, इसको जैसे अलग नहीं कर सकते वैसे हम भी हैं। इरनियन को नाश करने के लिए नरसिंह, उनकी क्रोध को कम करने के लिए सर्पेश्वर का रूप

मैंने धारण किया। दोनों के बीच में भेद ही नहीं। दोनों एक ही है इसे मन में रखकर ही हम प्रार्थना करें। रामेश्वरम में राम ने शिव नाम को उच्चारण करके शिव पूजा किया, काशी में शिव ने राम नाम जप करके राम पूजा किया ऐसा पुराण कहता है। हरि और हरण एक ही है इस तत्व को प्रकट करने के लिए ही सर्पेश्वर का अवतार धारण किया ।

श्री प्रत्यंङ्गिरा देवी महिमा

श्री सर्पेश्वर के दोनों पंखों में से एक से प्रकट प्रत्यंगिरा देवी, भयंकर रूपवाली तथा करूणा भरे मन वाली देवी है। तारकासुर नामक राक्षस ने ईश्वर से वर मांगा कि आदमी नहीं मार सकता उनके शरीर से बहनेवाली रक्त की प्रत्येक बूँद से हजारों राक्षस उत्पन्न होना है। इस वर के कारण उन्हें गर्व हो गया कि उन्हें कोई नाश नहीं कर सकता। वह देवों की हिंसा करने लगे।

औरतों से उन्हें कुछ बाधा नहीं पहुँचेगा तारकासुर ने ऐसे वर माँग लिया। इस कारण देवताओं ने निर्णय लिया कि तारकासुर का वध स्त्रियों द्वारा ही किया जाए। विष्णु ने वैष्णवी, ब्रह्मा ने ब्राह्मी को, शिव ने महेश्वरी को इंद्र ने इन्द्रानी को, यम ने वाराही को उत्पन्न करके भेजा। सभी माताएं मिलकर उस असुर से पराजित होकर वापस आये। इसलिए, उनके संहार करने के लिए शिव की तीसरे नेत्र से उत्पन्न भद्रकाली, सभी माताओं के साथ मिलकर तारकासुर का वध किया।

शक्तिशाली इस भद्रकाली की सहायता के देवी लिए ही काली, वैष्णवी, चामुंडी, त्वरिता, भद्रा, कात्यायिनी अवतरित हुई। राम रावण के युद्व के समय, इंद्रजीत ने सोचा कि काली देवी की कृपा प्राप्त होने पर उन्हें कोई पराजित नहीं कर पाएगा। उन्होंने निकुंबलै नामक यज्ञ को गुप्त जगह में करना शुरू किया। उसे सुनते ही राम ने लक्ष्मण को भेजकर यज्ञ होने से पहले इंद्रजीत का वध किया।

प्रत्यंङ्गिरा देवी इस जगह में रहेगी ऐसा कह नहीं सकते। काल भाव के तहत, पूर्व काल में या वर्तमान काल में रहनेवाली है या आगे जन्म लेनेवाली है ऐसा निश्चित किया जा सकता है। इस तरह वह सदा भक्तों पर अपनी कृपा करके रक्षा करेगी। अन्योन्य भाव के तहत, यह सभी रूपों व वस्तुओं में उपलब्ध है।

सौम्यरूपी, भक्तों की रक्षिका, की ज्ञान तथा विद्या प्रदान करने वाली देवी है। उनकी उपासना करने वाले उपासक भक्तिहीन होकर शक्ति का दुरुपयोग करेंगे तो देवी उनका नाश करने वाली है।

महाशक्ति की पूजा किये बिना प्रत्यंङ्गिरा देवी की पूजा नहीं करनी चाहिए।

महाशक्ति की पूजा करेंगे तो प्रत्यंङ्गिरा देवी स्वयं हमारी रक्षा करनेवाली देवी बन जाएगी। प्रत्यंङ्गिरा देवी ही इस विश्व में मंगल प्रदान करनेवाली है।

रूप व्याख्या

प्रत्यंङ्गिरा देवी हजारों मुखवाली तथा दो हजार हाथों वाली देवी है, तीन लाल रंगवाली आंखें, बड़ा शरीर, काला रंग तथा नीले वस्त्र धारण करने वाली देवी है। हाथों में सूल, कपाल, पास, डमरू जैसे चार तरह के आयुध उपलब्ध है। अलग रहकर और पुष्प से पूजा करने पर संतुष्ट होती है। दुश्मनों को नाश करती है।

प्रत्यंङ्गिरा देवी की महिमा

देवताओं द्वारा वर प्रदान करने के पश्चात् वरों का दुरुपयोग करने पर भी देवी उनका नाश करती है या उनके वरों से उचित कार्यों के लिए उन्हें प्रोत्साहित करती है।

श्री सूलिनी दुर्गा

श्री नरसिंह भगवान के क्रोध को कम करने के लिए प्रकट सर्पेश्वर के पंखों में एक श्री प्रत्यंङ्गिरा देवी के साथ प्रकट हुई देवी है श्री सूलिनी दुर्गा। यह देवी संपूर्ण बाधाओं को हटानेवाली है। अपनी शरण में आनेवाले के लिए यह कवच बन जाती है। दक्ष की पुत्री दाक्षायिनी के रूप में यही शक्ति प्रकट हुई। इसके बाद दक्ष के क्रोध के कारण दक्षिण को छोड़कर पहाड़ों के राजा पर्वतराज की पुत्री पार्वती के रुप में रहने लगी।

श्री भैरव

अंधाग नामक असुर, अपने कठोर तपस्या के कारण तीनों देवों से मृत्यु न पाने संबंधित वर प्राप्त कर लिया तथा देवों को कई तरह से बाधा पहुंचाने लगा। उन क्रूर कार्यों को सह नही पाते हुए देवों ने परमेश्वर से प्रार्थना किए। देवों के दुख को हटाने के लिए शिव ने भैरव रूप-धारण करके अंधाग का संहार किया। अंधाग का वध करने में भैरव को प्रत्यंङ्गिरा ने सहायता की। इस भैरव को असितांग भैरव, संहार भैरव, उन्मत्त भैरव, गुरु भैरव, क्रोधान भैरव, कपाल भैरव, बिष्ठाण भैरव जैसे कई नाम से जानते हैं।

भैरव आदि सब मिलकर प्रत्यंङ्गिरा देवी को पूजन किये। इस देवी को 'महाभैरव पूजदा' नाम से बुलाते हैं। इसके अलावा भैरव के पत्नी होते हुए 'भैरवपत्नी ' नाम से भी बुलाते हैं ऐसे प्रख्यात श्री प्रत्यंङ्गिरा देवी को पूजा करनेवाले के घरों

में शांति रहती है तथा धन बढता है। शत्रुओं का भय हट जाएगा।

प्रत्यंङ्गिरा देवी की उपासना

श्री प्रत्यंङ्गिरा देवी की ध्यान, पूजा, उपासना विधि की सिद्धि पाने के लिए योग्य गुरु से सीखकर, गुरु के सामने उसके सान्निध्य में पूजा को प्रारंभ करना चाहिए। विधि को अच्छे रूप से जानकर ही व्यक्तिगत रूप से पूजा करनी चाहिए।

अथ
प्रत्यंङ्गिरा पञ्चाङ्गम्
प्रारभ्यते

।। श्रीगणेशाय नमः ।।

देव्युवाच–

मेरुपृष्ठे सुखासीनं भैरवं परमेश्वरम्।
प्रसन्नवदनं देवं नागयज्ञोपवीतिनम्।।1।।

श्री गणपति को नमस्कार है

देवी बोली–एक बार सुमेरु पर्वत पर सुखासन की मुद्रा में, सर्पों के यज्ञोपवीत को धारण किये हुए, सर्वशक्तिमान भैरव प्रसन्नवदन विराजमान थे।।1।।

गजचर्मपरीधानं भूमिभूषणविग्रहम्।
कपालमालाभरणं गंगावीचिरवाकुलम्।।2।।

चिताभस्म को धारण किये हुए हाथी के चर्म से निर्मित वस्त्रों को धारण किये हुए, नरमुण्डमाला गले में धारण किये हुए गंगा की लहरों से शब्दायमान।।2।।

चन्द्रार्द्धार्चितमूर्द्धानं सर्वकङ्कणनूपुरम्।
खट्वांगशूलपाशासि विभूषितकराम्बुजम्।।3।।

अर्धचन्द्र का मुकुट सिर पर धारण किये हुए, हाथ पैरों में अनेक प्रकार के कंगन व नुपूर पहने हुए। कमलवत् हाथों में खट्वाङ्ग (कपालजटितदण्ड) त्रिशूल तथा पाश धारण किये हुए।।3।।

वामांकस्थितगौरीशं देवगंधर्वसेवितम्।
यक्षेन्द्रकिन्नरनुतं ब्रह्माच्युतनमस्ककृतम्।।4।।

वाम भाग में देवगन्धर्व सेवित, श्रेष्ठ यक्ष-किन्नर द्वारा प्रणाम किये जाते हुए तथा ब्रह्मा व विष्णु से वन्दित शिवजी विराजमान थे।।4।।

भैरव उवाच–

प्रहसंतं जयतं च ध्यायंतं च मुहुर्मुहुः।
स्मितपूर्वं प्रणम्यादौ बद्धाञ्जलिपुटं ततः॥5॥
उत्थाय पार्वती देवी भगवन्तमभाषत।

भैरव बोले–तदन्तर सर्वप्रथम दोनों हाथ जोड़कर प्रणाम करके बारम्बार मुस्कुराते हुए जयजयकार से युक्त होते हुए, ध्यान लगाते हुए भगवान् शिव से भगवती पार्वती जी ने उठकर कहा–॥5॥

देव्युवाच–

भगवंस्त्वं परो देवस्त्रैलोकप्रभुरीरश्वरः॥6॥

देवी बोली–भगवन्! आप सभी देवों से श्रेष्ठ एवं तीनों लोकों के स्वामी और ईश्वर हैं॥6॥

त्रिगुणात्मा गुणातीतः चित्स्वरूपो निरंजनः।
सकलो निष्कलो देवः सत्ता रूपो महेश्वरः॥7॥

त्रिगुणात्मक शक्ति से परिपूर्ण होते हुए, गुणातीत हैं। ज्ञान स्वरूपवान होते हुए भी निराकार व निरंजन हैं। सभी कलाओं से युक्त होकर कलाओं से रहित, दिव्य दानादि गुणों से युक्त देवताओं के सत्ता शिवजी महान् ईश्वर के रूप में महेश्वर कहलाते हैं॥7॥

त्वं किं जंपसि देवेश ममाद्य विदितं तु यत्।
तत्समाचक्ष्व सकलं यद्यहं तव वल्लभा॥8॥

हे प्रभु! आप किस प्रयोजन से (देव) निरन्तर जप कर रहे हैं। मैं आपकी वल्लभा हूं। यदि आप भी मुझे अपनी प्रिया मानते है, तो यह सब रहस्य मुझे विस्तार से कृपाकर बतायें॥8॥

भैरव उवाच–

एतद्गुह्यतमं लोके न कस्य कथितं मया।
तथापि तव देवेशि भक्त्या गुह्यं वदाम्यहम्॥9॥

भैरव बोले–यह अति गोपनीय रहस्य हैं जो आज दिन तक मैंने किसी को नहीं बताया। फिर भी हे देवी! तुम्हारी भक्ति व निष्ठा से प्रसन्न होकर यह रहस्य तुम्हें बता रहा हूं॥9॥

या देवी लोकमातेति महामाहेश्वरी शिवा।
प्रत्यंङ्गिरेति विख्याता षड्विंशति सुवर्णिका॥10॥

जो देवी सभी लोकों की माता हैं तथा महामाहेश्वरी एवं शिवा नाम से विख्यात हैं उस शक्ति का नाम **प्रत्यंङ्गिरा** है जो 26 अक्षरों वाली विद्या है॥10॥

सृजते सकलं विश्वं बिभर्ति परमांबिका।
अंते सहायकर्त्री च संहरिष्यति तामसी।।11।।

जो सर्वश्रेष्ठ माता सकल विश्व का सृजन करती हैं, पालन करती हैं और तामसी शक्ति के रूप में सकल विश्व का संहार भी करती हैं।।11।।

गुणत्रयमयी विद्या महादारिद्र्यवारिणी।
तस्याः पंचांगमीशानि पठाम्यहमहर्निशम्।।12।।

यह त्रिगुणमयी विद्या महान् दरिद्रता से बचाने वाली हैं। हे देवी! परामाम्बिका रूपी विद्या के पांच अंगों में दिन-रात पढ़ता, चिन्तन करता (जपता) रहता हूं।।12।।

जपे विद्यां सर्वमेतां वर्मनामसहस्रकम्।
स्तवं मंत्रमयं देवि पठामि परमेश्वरीम्।।13।।

हे देवी! मैं इसी परमेश्वरी के सहस्र कवच के समान सम्पूर्ण विद्या का जप करता हूं तथा मन्त्रों से युक्त स्तोत्र का नित्य पाठ करता हूं। इस विद्या के प्रभाव से मैं त्रिलोकी का पति (ईश्वर) कहलाता हूं।।13।।

तत्प्रसादादहं देवि त्रैलोक्यप्रभुरीश्वरः।
भैरवो भैरवादेशः सृष्टिस्थिति लयात्मकः।।14।।

इसी विद्या से मैं भैरव कहलाता हूं तथा सृष्टि की स्थिति व लय का कारण भी, मैं ही कहलाता हूं।।14।।

देव्युवाच–

भगवन्देवदेवेश निःशेषकरुणाकर।
देव्याः प्रत्यंङ्गिरायाश्च पंचांग वक्तुमर्हसि।।15।।

देवी बोलीं–हे भगवन्! देवाधिदेव! सम्पूर्ण करुणावतार शम्भो! प्रत्यंङ्गिरा देवी के पंचांग (पांचों) अंगों के बारे में मैं विशेष जानना चाहती हूं, सो कृपाकर कहें।

भैरव उवाच–

पटलं पद्धतिं चैव वर्मनामसहस्रकम्।
स्तोत्रं मंत्रमयं देवि वक्ष्ये लोकहितेच्छाया।।16।।

भैरव बोले–पटल, पद्धति, वर्मनामसहस्त्र एवं मन्त्रों से युक्त स्तोत्र इत्यादि पांचों अंगों को जनहित की भावना से यहां बता रहा हूं।।6।।

अत्रादौ पटलं दिव्यं मूलमंत्रमयं परम्।
सयंत्रमंत्रसहितं प्रयोगसहितं शृणु।।17।।

पहला भाग प्रत्यंङ्गिरा 'पटल' हैं जो दिव्य हैं और मूल मंत्रमय हैं। अब मन्त्र-यन्त्र सहित इसके प्रयोग को विस्तार से सुनो–।।7।।

प्रत्यंङ्गिरा मन्त्रोद्धार

अथ मन्त्रोद्धार–

प्रणवं वाग्भवं माया लक्ष्मीः प्रत्यंङ्गिरेति च।
मम रक्ष द्वयं देवि मम शत्रून् पदं मयि॥18॥

पहले प्रणव फिर वाणी की अधिष्ठात्री सरस्वती बीज, फिर माया बीज तथा फिर लक्ष्मी बीज से प्रत्यंङ्गिरा बनती है यह प्रत्यंङ्गिरा देवी मेरी शरीर और वाणी की रक्षा करें मुझे शत्रुओं से बचाती हुई मुझमें निवास करें॥18॥

भक्षद्वयं प्रणवं च स्वाहान्तो मंत्र उत्तमः।
एषा विद्या मयाख्याता परमानंददायिनी॥19॥

इस मन्त्र के प्रारम्भ में प्रणव (ॐ) तथा अन्त में 'स्वाहा' शब्द का पाठ उत्तम माना गया है। इस प्रकार यह अत्यधिक आनन्द प्रदान करने वाली विद्या को मैंने कहा। प्रणव, स्वाहा से प्रत्यंङ्गिरा मन्त्र उत्तम रीति से काम करता है। यह विद्या मेरे द्वारा बतलाई गई हैं जो परमानन्द को प्रदान करने वाली विद्या है॥19॥

भोगदा सुखदा देवि राज्यदा धनदा तथा।
सिद्धिमोक्षप्रदा विद्या परा सायुज्यदायिनी॥20॥

हे देवी! यह विद्या भोग सुख, राज्य ऐश्वर्य, सिद्धि तथा मोक्ष प्रदायिनी है। इतना ही नहीं–यह परा विद्या है तथा परमेश्वर के सम्मुख को प्राप्त कराने वाली है यह विद्या उत्तम योगों को देने वाली, नाना प्रकार के ऐश्वर्य व सुखों को देने वाली, अथाह धन सम्पंत्ति व राज्य को देने वाली तथा सिद्धि व मोक्ष को देने वाली कही गई है॥20॥

गुरुपादप्रसादेन श्रीविद्या यदि लभ्यते।
बिना गुरुपदेशेन नान्यत्सिद्ध्यति भारती॥21॥

यदि सिद्ध गुरु की कृपा से श्रीविद्या की प्राप्ति हो जाए तो भी बिना गुरु के उपदेश पूजन (स्मरण) के यह मन्त्र सफल नहीं होता इसलिए कोई भी मंत्र या उपदेश गुरुमुख से प्राप्त करना जरुरी है॥21॥

नैस्वांतरायो न क्लेशो न शौचनियमोऽपि वा।
साक्षात्सिद्धिप्रदो देवि मंत्रोऽयं भोगमोक्षदः॥22॥

हे देवी! इसके पाठ से न किसी प्रकार का विघ्न होता है, न क्लेश होता है, न दुःख, न शोक, न इसमें शौच व नियमों की विशेष परम्परा है। यह प्रत्यंङ्गिरा मन्त्र तो शाश्वत सिद्धि, भोग-ऐश्वर्य एवं मोक्ष को देने वाला है॥22॥

वर्णलक्षं पुरश्चर्या तदर्द्धे वा महेश्वरि।
एकलक्षावधिं कुर्यान्नातो न्यूनं कदाचन॥23॥

हे महेश्वरी! एक लाख मन्त्रों का पुरश्चरण होता है। कभी-कभी पचास हजार से भी काम बन जाता है, परन्तु एक लाख से कम मन्त्रों का पुरश्चरण नहीं करना चाहिए॥23॥

जपाद्दशांशतो होम स्तद्दशांशेन तर्पणम्।
मार्जनं तद्दशांशेन तद्दशांशेन भोजनम्॥24॥

मन्त्र जप के दशांश का हवन और उसके दशांश का तर्पण करे। तर्पण के दशांश का मार्जन करे तथा मार्जन के दशांश का ब्राह्मण भोजन करे॥24॥

वटेऽरण्ये श्मशाने च शून्यागारे चतुष्पथे।
अर्धरात्रे च मध्याह्ने पुरश्चरणमारभेत॥25॥

वटवृक्ष के नीचे, वन में, श्मशान में निर्जन घर में, चौराहे पर अर्धरात्रि या मध्याह्न के समय पुरश्चरण प्रारम्भ करें॥25॥

जीवहीनो यथा देहः सर्वकर्मसु न क्षमः।
पुरश्चरणहीनो यो न मंत्रः फलदायकः॥26॥

जिस प्रकार से प्राणवायु हीन देह काम का नहीं, ठीक उसी प्रकार से पुरश्चरण के बिना मन्त्र फलदायक नहीं हैं॥26॥

मंत्रमुत्कालयेदादौ मंत्रं सजीववयेत्ततः।
निष्कौटिल्यं चरेत्पश्चात्ततः शापहरीं जपेत्॥27॥

पहले मन्त्र का उत्कीलन करें, फिर उसे संजीवित करें। उसके बाद निष्कौटिल्य करे, फिर शापोद्धार मन्त्र का जाप करें॥27॥

सिद्धमंत्रं जपेच्छुद्धं ततः संपुटितं चरेत्।
क्रमेणानेन देवेशि श्रीविद्यां यो जपेत्सुधीः॥28॥

शुद्ध रूप से सिद्धमन्त्र का जाप करे उसके बाद सम्पुटित जाप करें। फिर क्रम से श्रीविद्या का जाप करें॥28॥

स साधको भवेल्लोके भोगी सायुज्यमाप्नुयात्।
मंत्रस्यास्य मुनिश्चैव महाभैरव एव च॥29॥

हे देवी! ऐसा साधक तीनों लोकों में ऐश्वर्यवान हो जाता है, इस मन्त्र का साधक मुनि हो जाता है तथा महाभैरव स्वरूप बन जाता है॥29॥

अनुष्टुप् छंदइत्युक्तः श्रीमत्प्रत्यंङ्गिरेति च।
देवतास्यापरा बीजं शक्तिः स्वाहा च कीलकम्॥30॥

प्रत्यंङ्गिरा मन्त्र का अनुष्टुप छन्द है। अपरा देवता है। शक्ति बीज है। स्वाहा कीलक है।।30।।

भोगापवर्गसिद्ध्यर्थं विनियोग इति स्मृतः।
ध्यानमस्याः प्रवक्ष्यामि सर्वतंत्रेषु गोपितम्।।31।।

भोग-अपवर्ग की सिद्धि हेतु विनियोग किया जाता है। अब इसका ध्यान बतलाता हूं जो सभी तन्त्रों में गोपनीय है।।31।।

आशांबरा मुक्तकचा
घनच्छविर्ध्येया सचर्मासिकराहिभूषणा।
दंष्ट्रोग्रवक्त्रा ग्रसिता हिता त्वया
प्रत्यंङ्गिरा शंकर तेजसेरिता।।32।।

आशा रूपी अम्बर को धारण करने वाली, खुले केशों वाली, सघन छवि वाली, चर्म धारण करने वाली, हाथ में कृपाण लिए हुए तथा सर्परूपी भूषण से युक्त, बड़े-बड़े दाढ़ों के कारण देखने में उग्र चेहरें वाली, यह प्रत्यंङ्गिरा देवी, भगवान शंकर का ही तेज है। अतः इनका ध्यान करना चाहिये।।32।।

प्रत्यङ्गिरा यन्त्रोद्धार

यंत्रोद्धारं प्रवक्ष्यामि सर्वसिद्धिप्रवर्तकम्।
सर्वसंमोहनं चक्रं सर्वाशापरिपूरकम्।।33।।

अब सब प्रकार की सिद्धि को देने वाली प्रत्यंङ्गिरा यन्त्र के बारे में बताते हैं। यह सब प्रकार के सम्मोहन चक्र का नाश करने वाला तथा सभी आशाओं, मनोरथों को पूर्ण करने वाला है।।33।।

बिन्दुत्रिकोणं वसुकोणयुक्तं
वृताष्टयंत्रं च त्रिवृत्तयुक्तम्।
भूगेहलक्ष्मीखचितं च सिद्धिदं
प्रत्यंगिरं चक्रमेतन्मयोक्तम्।।34।।

यन्त्र के मध्य में बिन्दु होता है, त्रिकोण, तत्पश्चात् छः कोण फिर आठ वलय, तत्पश्चात् त्रिवलय (वृत्त), भूमि, लक्ष्मी से युक्त यह प्रत्यंङ्गिरा यन्त्र मेरे द्वारा बतलाया गया है।।34।।

लयांगमस्य वक्ष्यामि यंत्रराजस्य पार्वति।
येन श्रवणमात्रेण कोटिमपूजाफलं लभेत्।।35।।

हे पार्वति! इस यन्त्रराज के लयाङ्ग का वर्णन करने चल रहा हूं जिसका श्रवण करने मात्र से सहस्रपूजा का फल प्राप्त होता है।।35।।

इंद्राद्या लोकपालाश्च ब्रह्मानंतांकिताः प्रिये।
वज्रादिहेतिसंयुक्ताः पूज्या भूगेहमंडले।।36।।

हे प्रिये! इन्द्रादि लोकपाल व ब्रह्मा तथा अनन्त विष्णु ने इसे अंकित किया है। वज्र इत्यादि आयुध से युक्त यह मण्डल (यन्त्र) पृथ्वीलोक में पूज्य है।।36।।

वायव्येशानपर्यंतं दिव्यसिद्धौघमाप्नुयात्।
गुरुंश्च पूजयेद्देवि पंक्तित्रितयमध्यगान्।।37।।

वायव्य से लेकर ईशान पर्यन्त यह यन्त्र दिव्य सिद्धियों को प्राप्त कराने वाला है। हे देवी! तीन पंक्तियों के मध्य में विराजमान गुरु का पूजन किया जाना चाहिए।।37।।

ब्रह्माद्या मातरः पूज्या भैरवाष्टकसंयुताः।
वामावर्तक्रमेणैव रक्तपुष्पैर्विशेषतः।।38।।

ब्रह्मा एवं मातृकाओं का पूजन करना चाहिए एवं भैरवाष्टक पढ़ना चाहिए। विशेष रूप से वामावर्त क्रम से यन्त्र का पूजन रक्त पुष्पों से करना चाहिए।।38।।

स्तंभिनी मोहिनी चैव क्षोभिणी द्राविणी तथा।
जृंभिणी भ्रामिणी रौद्री तथा संहारिणीति च।।39।।

स्तम्भिनी विद्या, मोहिनी, शोभिणी, द्राविणी, जृंभिणी, भ्रामिणी, रौद्री तथा संहारिणी विद्या से यह यन्त्र काम आता है।।39।।

वसुकोणे परा पूज्या महाचीनक्रमेच्छुभिः।
वामावर्तेन देवशि परमार्थप्रदा सदा।।40।।

छः कोणों की पूजा करनी चाहिए, इसका वामावर्त पूजा करना, परमार्थ सिद्धि को देने वाला है।।40।।

काली च भद्रकाली च नित्याकाली त्रिकोणगाः।
एताः संपूजनीयास्तु शिवांगी वामभागतः।।41।।

काली, भद्रकाली, नित्यकाली की पूजा त्रिकोण में करनी चाहिए। हे शिवाङ्गी! ये सभी वामभाग से पूजनीय हैं।।41।।

देवीं रत्नमयीं पात्रे सौवर्णे पूजयेत्सुधीः।
लयांगमे तदाख्यातं सर्वसिद्धिप्रदं शिवे।।42।।

विद्वानों को चाहिए कि वे रत्नों से आवेष्ठित देवी की सुवर्ण के पात्र में पूजन करें। हे शिवे! लयांग यन्त्र में इस सबको इस प्रकार की सिद्धियों को देने वाला कहा गया है।।42।।

प्रयोगानष्टवक्ष्येऽहं शृणुष्वावहिता प्रिये।
स्तंभनं मोहनं चैव मारणाकर्षणे ततः।।43।।
वशीकरोच्चाटनाख्ये शांतिकं पौष्टिकं ततः।
एतेषां साधनं वक्ष्ये मंत्रसिद्धिप्रवर्त्तकम्।।44।।
येन श्रवणमात्रेण मंत्रः कल्पद्रुमो भवेत।
रवौ स्नात्वा जपेन्मूलं वटमूलं महेश्वरि।।45।।
अयुतं तद्दशांशेन हुतेदाज्यं सितां शटीम्।
गोधूममधुनालोड्यं स्तंभयेद्वादिनां रसान्।।46।।

हे प्रिये! मैं इस यन्त्र (विद्या) से सम्बन्धित आठ प्रकार के प्रयोगों को कह रहा हूं इसे तुम ध्यानपूर्वक सुनो। ये स्तम्भन, मोहन, मारण, आकर्षण, वशीकरण, उच्चाटन, शान्तिक तथा पौष्टिक रूप हैं। अब इन मन्त्रों की सिद्धि कराने वाले साधनों को बतला रहा हूं। जिसके श्रवणमात्र से मन्त्र कल्पवृक्ष के समान फल देने वाला हो जाता है। हे महेश्वरी! रविवार को स्नान करके वटवृक्ष के नीचे बैठकर इस मन्त्र का जप करना

चाहिए। अयुत् जप के दशांश से घी से हवन करना चाहिए तथा गेहूं में शहद मिलाकर मन्त्र जप करने वालों को देना चाहिए।।46।।

जलसूर्येन्दुवातानां गतिरेषां च कामिनाम्।
अश्वत्थस्य तले जप्त्वा मूलविद्यां यथाविधि।।47।।

जल, सूर्य, चन्द्र तथा वायु के तेज के समान गति प्राप्त करने की इच्छा रखने वालों को अश्वत्थ अर्थात् पीपल के वृक्ष के नीचे बैठकर विधिपूर्वक जप करना चाहिए।।47।।

अयुतं तद्दशांशेन जुहुयात्सर्पिरेणजम्।
मांसं कणाशटीमिजं मोहनं जगतां भवेत्।।48।।

आयुत जप के दशांश से घृत आदि का मिश्रण करके जप करने से सम्पूर्ण संसार वश में हो जाता है।।48।।

कुजे वा शनिवारे वा पित्र्यर्क्षे विष्टिसंगमे।
गत्वा श्मशानं देवेशि नत्वा दिग्भूतभैरवान्।।49।।

देवी! मंगलवार या शनिवार को पितृपक्ष विष्टिकरण व शुभयोग (मुहूर्त) में श्मशान में जाकर दिग्पाल, भूत व भैरव को नमस्कार करें।।49।।

चितां संपूज्य वीरेशे जपेदयुतसंख्यया।
चिताग्नौ जुहुयादाज्यं गुरुपुष्ये शतावरीम्।।50।।

चिता की अच्छी तरह से पूजा करके, वीरों जाग्रत कर अयुत का जाप करें। गुरुपुष्य या शतभिषा नक्षत्र में चिताग्नि में घी व शतावरी की आहुति दें।।50।।

चंडालकेशनखदंतामिश्रां च साधकः।
तर्प्ययेत्तद्दशांशेन भोजयेत्पात्रपूर्वकम्।।51।।

साधक चण्डाल के केश, नख व दांत को अग्नि में डालें। यन्त्र का दशांश तर्पण करे। चण्डाल को भोजन से तृप्त करें।।51।।

शत्रुर्मृत्युसमानोऽपि मृत्युमायाति नान्याथा।
करेरिमूले गिरिजे जपेन्मूलं शिवेऽयुतम्।।52।।

हे पार्वती! जो साधक वृक्ष के मूल के पास बैठकर आयुत जाप करता है। साध क का शत्रु मृत्यु को प्राप्त करता हैं। ऐसा करने पर मृत्यु के समान भयंकर शत्रु भी मृत्यु को प्राप्त हो जाता है।।52।।

हुतेदाज्यं वचां शुंठीं वानर्यातिबलासमम्।
मेनकापीनवक्षोजा स्वस्थाभ्याकर्षिता भवेत।।53।।

वच, शूठी व घृत से हवन करने वाली स्त्री मेनका के समान पुष्ट स्तनों वाली, स्वस्थ तथा आकर्षक हो जाती है।।53।।

वानीरमूले देवेशि जपेदयुतसंख्यया।
हुतेदाज्यं ह्यरद्यूतं नागवल्लीदलांकितम्।।54।।

हे देवेशि! जो साधक! वानीर वृक्ष के मूल के पास जो अयुत संख्या में जप करके नागवल्लीदल के साथ घी की आहुति देता है।।54।।

भूबिबं तर्पयेद्देवीं दशांशेनैव साधकः।
शक्रोऽपि दासतां याति किंपुनः क्षुद्रमानुषः।।55।।

और दशांश से देवी को तृप्त करता है साक्षात इन्द्र भी उसका दास हो जाता है, साधारण मानव की तो बात ही क्या।।55।।

क्रुरर्क्षे क्रूरवेलायां जपेत्प्रेतालये मनुम्।
अयुतं तु चितावह्नौ हुतेत्सर्पिः कणौषणान्।।56।।

क्रूर नक्षत्र व क्रूर वेला में श्मशान में जो मनुष्य इस मन्त्र को जपता है। अयुत जाप चिता की अग्नि में जपकर घृत की बूंद के साथ औषधियों तथा जातीफल, भेड़ा तथा गधे के रोयों (बालों) की आहुति देता है।।56।।

जातीफलं पलं मैंष खररोमाणि पार्वति।
रिपूणासहसा देवि भवेदुच्चाटनं परम्।।57।।

तो हे पार्वती! शत्रुवर्ग का तत्काल उच्चाटन हो जाता है।।57।।

नदीकूले जपेन्मंत्रमयुतं साधकोत्तमम्।
तद्दशांशं हुतेदाज्यं समृदीद्वकं सपायसम्।।58।।

उत्तम साधक को चाहिये कि वह नदी व कुएं के जल में अयुत मन्त्र का जाप करके उसके दशांश का हवन घी व खीर से करे।।58।।

कनकं तागरं रात्रौ तर्पयेत्तद्दशांशतः।
अतिवृष्टेरनावृष्टेर्मारीभीतेर्महेश्वरि।।59।।

हे महेश्वरी! रात्रि में धतूरे व अगर से दशांश का तर्पण करें तो अतिवृष्टि या अनावृष्टि तथा महामारी का भय नहीं रहता।।59।।

राजभीतेर्महाव्याघ्रात्सद्यः शांति प्रजायते।
महापर्वदिने देवि यत्र तत्र जपेन्नुम्।।60।।

राजा के भय से, महाव्याघ्र के भय से शीघ्र शान्ति मिल जाती है। हे देवि! महापर्व के दिन यदि इस मन्त्र का जाप किया जाए।।60।।

अयुतं तद्दशांशेन जुहुयादाज्यपायसम्।
शैलं सिंदूरमिश्रं च सपलं सलवंगकम्।।61।।

अयुत मन्त्र का दशांश हवन दूध (खीर) व घी से किया जाए। सिंदूर, शिलाजीत व लौंग का मिश्रण करके हवन किया जाए।।61।।

ऐणं मांसं शरं मीनं सालं च सकुलत्थकम्।
सासवंशुकसद्धीतरजोवत्यंबरान्वितम्।।62।।

तो बाण लगी हुई मछली की तरह शत्रु तड़पता है।।62।।

हुत्वा च तर्पयित्वा च भोजयित्वा च साधकान्।
पितृणां देवतानां च ऋषीणां कुलिनां प्रिये।।63।।

हे प्रिये! हवन के बाद तर्पण, मार्जन व ब्राह्मण भोजन अवश्य कराना चाहिए।।63।।

दिव्यकल्पायुतं देवि महापुष्टिः प्रजायते।
सर्वथा नित्यं महाविद्यां जपेत्सुधीः।।64।।

तो दिव्य अयुत कल्प तक पुष्टता व ऐश्वर्य को प्राप्त करते हैं।।64।।

दशांशं होमयेत्तत्र तर्प्पयेत्तद्दशांशतः।
भोजयेत्तद्दशांशेन मंत्री किं किं न साधयेत्।।65।।

बुद्धिमान लोग इस महाविद्या का नित्य पाठ करें।।65।।

मूर्खो वागीशतां याति निर्धनो धनवान्भवेत्।
महादारिद्र्ययुक्तोऽपि भवेद्वैश्रवणोपमः।।66।।

दशांश से हवन तथा दशांश से तर्पण करें तथा दशांश से भोजन करायें। ऐसा करने पर मन्त्र का जप करने वाला साधक सभी पदार्थों का स्वामी हो जाता है। इससे मूर्ख भी वाक्पति हो जाता है तथा निर्धन व्यक्ति महाधनी हो जाता है। पितरों, देवताओं ऋषियों तथा कुल (वंश) में विद्यमान लोग अत्यधिक दरिद्र व्यक्ति भी कुबेर के समान हो जाता है।।66।।

इहलोके भवेद्भोगी परत्र त्रिदिवं भजेत्।
इतीदं मंत्र सर्वस्वं प्रत्यंङ्गिरारहस्यकम्।।67।।

इस संसार में उसे नाना प्रकार के भोगों की प्राप्ति होती है और मृत्यु के पश्चात् स्वर्ग में निवास करता है। यह प्रत्यंङ्गिरा रहस्य है।।67।।

पटलं गुह्यमीशानि गोपनींय स्वयोनिवत्।।68।।

हे ईशानि! यह प्रत्यंङ्गिरा रहस्य स्वयोनि के समान अति गोपनीय है।।68।।

।।इति श्रीरुद्रयामले तंत्रे पंचांगखण्डेविद्यारहस्ये प्रत्यंङ्गिरापटलं समाप्तम्।।

इस प्रकार से रुद्रयामल तन्त्र के पंचांग खण्ड में, दस महाविद्या के रहस्य के अन्तर्गत प्रत्यंङ्गिरा पटल सम्पूर्ण हुआ।

प्रत्यंङ्गिरा पूजन क्रम

अथ ब्राह्मे मुहूर्ते शयनतलादुत्थाय करचरणौ प्रक्षाल्य निजासने समुपविश्य। निज शिरसि श्वेतवर्णसहस्त्रदलकमलकर्णिकांतर्गतचन्द्र मण्डलोपरि स्वगुरुं शुक्लवर्णे शुक्लालंकारभूषितम्।।1।।

इसके पश्चात् प्रातःकाल ब्रह्ममुहूर्त में शय्या से उठकर हाथ-पैर धोकर, अपने आसन पर बैठे। अपने मस्तिष्क में श्वेतवर्ण सहस्त्रदल कमलकर्णिका के अन्तर्गत चन्द्रमण्डल के ऊपर श्वेत वस्त्र एवं श्वेत आभूषणों से युक्त गुरु का ध्यान करें।।1।।

ज्ञानानन्दमुदितमानसं सच्चिनन्दविग्रहम्। चतुर्भुजं। ज्ञानमुद्रापुस्तकवरदाभयकरं त्रिनयनं प्रसन्नवदनेक्षणम्।।2।।

ज्ञान के आनन्द से प्रमुदित मन वाले, सच्चिदानन्द विग्रह रूप, चार भुजा वाले, ज्ञानमुद्रा, पुस्तक, वरदमुद्रा एवं अभयमुद्रा युक्त, त्रिनयन प्रसन्न आकृति वाले गुरु का ध्यान करें।।2।।

सर्वदेवं वामांगे वामहस्तधृतकमलया रक्तवसनाभरणाया। स्वप्रियया दक्षिणभुजेनालिंगितं परमशिवस्वरूपं ध्यात्वा।।3।।

सब देवों के, वामभाग में, वाम हाथ में कमल धारण किये हुए रक्त वस्त्रों एवं आभूषणों से वेष्टित, अपनी प्रिया को दक्षिणभुजा से आलिंगन करते हुए, परमशिव के स्वरूप का ध्यान करें।।3।।

तच्चरणयुगलकमलविगलदमृतधारया स्वात्मानं प्लुतं विभाव्य।।4।।

उनके चरण कमलों में अमृतधारा देते हुए, मानसिक पूजा प्रारम्भ करें।।4।।

मानसोपचारैराराध्य

**ॐ ऐं ह्रीं श्री ह स ख फ्रें ह स क्ष म ल व र य ॐ स ह ख फ्रें स ह क्ष म ल व र य हुं हू सौं।
हसौः श्रीमच्छी अमुकानन्दनाथ श्रीपादुकां पूजयामि नमः।
इति दशधा विमृश्य दंडप्रणामं मनसा कुर्यात।।5।।**

मानसिक उपचार से पूजा करें–निम्न मन्त्र से गुरु पादुका पूजन करते हुए दण्ड को मन ही मन प्रणाम करें।।5।।

ॐ ऐं (उपरोक्त मंत्र) हसौः श्रीमान श्री (नामोच्चारणपूर्वक) को श्रीपादुका का पूजन करता हूं। इस प्रकार दश बार कहकर मन से दण्डप्रणाम करें।

तत्र प्रणाममंत्रा (यथा)

नमामि सद्गुरुं शांतं प्रत्यक्षं शिवरूपिणम्।
शिरसा योगपीठस्थं मुक्तिकामार्थसिद्धये।।1।।

गुरुपूजन के मन्त्र इस प्रकार हैं–प्रत्यक्ष शिवस्वरूप, शान्त मूर्ति सद्गुरु को नमस्कार है। मुक्ति (मोक्ष) कामना के लिए, योगी गुरु को सिर झुका कर प्रणाम करता हूं।।1।।

श्रीगुरुं परमानन्दं वंदे आनन्दविग्रहम्।
यस्य सान्निध्यमात्रेण चिदानन्दायते परम्।।2।।

आनन्द की मूर्ति, परमानन्द को देने वाले, जिसके सान्निध्य में चिदानन्द की प्राप्ति होती है। ऐसे गुरु को नमस्कार है।।2।।

अज्ञानतिमिरांधस्य ज्ञानांजनशालाकया।
चक्षुरुन्मीलितं येन तस्मै श्रीगुरवे नमः।।3।।

अज्ञान रूपी, घोर अन्धकार को, ज्ञान रूपी अञ्जनशलाका से नेत्रों को खोलने वाले अर्थात् ज्ञान के प्रकाश को देने वाले गुरु को नमस्कार है।।3।।

गुरुर्ब्रह्मा गुरुर्विष्णुर्गुरुः साक्षान्महेश्वरः।
गुरुरेव जगत्सर्वं तस्मै श्रीगुरवे नमः।।4।।

गुरु ही ब्रह्मा है (हमारा सृजक हैं) गुरु ही विष्णु (हमारा पालक) हैं, गुरु ही महेश्वर (संहारक शक्ति से सम्पन्न) सब कुछ हैं। यह सारा जगत गुरु के आधीन हैं, इसलिए गुरु को बारम्बार नमस्कार है।।4।।

इति प्रणाममन्त्रान्पठित्वाऽन्यांश्च पठेत्–

नमस्ते नाथ भगवन् शिवाय गुरुरूपिणे।
विद्यावतारसंसिद्ध्यै स्वीकृतानेकविग्रहः।।5।।

इन नमस्कार मन्त्रों को पढ़ने के बाद अन्य पाठ भी करें–हे प्रभु! शिवस्वरूप गुरु आपको नमस्कार है। विद्या के अवतार, सिद्धि को देने वाले, अनेक रूप में वन्दित आपका विग्रह है।।5।।

नवाय नवरूपाय परमार्थैकरूपिणे।
सर्वाज्ञानतमोभेदमानवे चिद्घनाय ते।।6।।

परमार्थ के कारण आप नित्य नूतन रूप को धारण करते हैं। समस्त अज्ञान रूपी अन्धकार का भेदन करके ज्ञान रूप गुरुदेव आपको नमस्कार है।।6।।

स्वतन्त्राय दयाक्लृप्तविग्रहाय परात्मने।
परतन्त्राय भक्तानां भव्यानां भव्यरूपिणे॥7॥

स्वतन्त्र रूप से सब पर दया करने वाले, भक्तों को भव्य रूप से दर्शन देने वाले आप परम आत्मा स्वरूप हैं॥7॥

ज्ञानिनां ज्ञानरूपाय प्रकाशाय प्रकाशिनाम्।
विवेकिनां विवेकाय विमर्शाय विमर्शिनाम्॥8॥

ज्ञानियों में ज्ञान स्वरूप, प्रकाशित वस्तुओं में सर्वाधिक प्रकाशवान, बुद्धिमानों में परम बुद्धिमान, सलाहकारों में परम हितैषी सलाहकार हैं॥8॥

पुरस्तात्पार्श्वयोः पृष्ठे नमस्कुर्यामुपर्यधः।
सद मच्चित्तरूपेण विधेहि भवदासनम्॥9॥

सामने एवं पृष्ठभाग में ऊपर नीचे आप ही विद्यमान हैं। अतः आपको मेरा नमस्कार है। सदा मेरे चित्त में आपका स्वरूप विद्यमान रहे॥9॥

इति गुरुं प्रणम्य

सुप्रसन्नं विभाव्य मनसा तदाज्ञां गृहीत्वा॥10॥

इस प्रकार से नमस्कार करें—गुरु को प्रसन्न जानकर मन ही मन उनसे कार्य सिद्धि हेतु आज्ञा लें॥10॥

मूलाधारे स्वर्णचतुर्दलकमलकर्णिकांतर्गतत्रिकोणचक्र
शृंगाटकोपरि परां शक्तिं कुण्डलिनीमुद्यद्दिनकर
सहस्त्रभास्वरां विद्युत्कोटिसन्निभाम्॥11॥

फिर मूलाधार, स्वर्ण चतुर्दल कमल कर्णिका के मध्य त्रिकोण चक्र के ऊपर परा शक्ति का आह्वान करें। कुण्डली जाग्रत कर सहस्त्र सूर्य के समान कान्ति वाले अति तीव्र प्रकाश का अनुभव करें॥11॥

सकलमन्त्रमातरं सर्वप्राणिजीवात्रिधमधामानम्।
सर्पाकारामूध्वमुखीं सार्धत्रिवलयाम्।
बिसंततुतनीयसीं सुप्तां विभाव्य॥12॥

सारे मातृ शक्तियों एवं सब प्राणियों को जाग्रत कर, सर्पाकार ऊर्ध्वमुखी कमलनाल के रेशे के समान मृदु एवं पतले तीन वलयों को जाग्रत करें॥12॥

गुरुपदिष्टनिजसहजनादेन बोधयित्वा॥13॥

गुरु के द्वारा उपदिष्ट अपने स्वाभाविक स्वर से जाग्रत करके निम्न तन्त्र करें॥13॥

वं नमः। शं नमः। षं नमः। सं नमः। इति पत्रेषु मध्ये मूलेन च प्रादक्षिण्येन संपूज्य हंस इति मन्त्रेणासर्वतः संस्थाप्य। ततो विद्रुमवर्णे षड्दले स्वाधिष्ठाने लिंगमूले तां नीत्वा। बं नमः। भं नमः। मं नमः। रं नमः। लं नमः। इति पत्रेषु मध्ये मूलेन च संपूज्य।

वं नमः। शं नमः। सं नमः। सं नमः इस मन्त्र को पत्तों पर लिखकर इसकी परिक्रमा करके हंसः इस मन्त्र से चारों ओर स्थापित करें। उसके बाद मूंगे के वर्णवाले षड्दल में स्वाधिष्ठान में लिंगमूल पर रखकर बं नमः। भं नमः। मं नमः। रं नमः। लं नमः इस मन्त्र को पत्तों पर लिखकर तथा मध्य में स्थापित एवं पूजा करें।

ततो मणिपूरके – (बीजाक्षरों को जाग्रत करना)

नाभौ नीलवर्णे दशदलकमलेतां नीत्वां तत्र डं नमः। ढं नमः। णं नमः। तं नमः। थं नमः। दं नमः। धं नमः। नं नमः। पं नमः। फं नमः। इति पत्रेषु मध्ये मूलेन च प्रपूज्य ततो वक्षस्यनाहते पिंगलवर्णे द्वादशदलकमले तां नीत्वा तत्र कं नमः खं नमः। गं नमः। घं नमः। ङं नमः। चं नमः। छं नमः। जं नमः। झं नमः। ञं नमः। टं नमः। ठं नमः। इति पत्रेषु मध्ये मूलेन च संपूज्य तेजोविशुद्धौ कंठे धूम्रवर्णे षोडशदलकमले तां नीत्वा तत्र अं नमः। आं नमः। इं नमः। ईं नमः। उं नमः। ॠं नमः। लृं नमः। लं नमः। एं नमः। ऐं नमः। ओं नमः। औं नमः। अं नमः। अः नमः। इति पत्रेषु मध्ये मूलेन संपूज्य। ततः सहस्त्रदलकमलकर्णिकान्तर्गत बिन्दुरूप तेजोमयपरमशिवेन सहैकतां नीत्वा तेनामृतेन ततः स्रवता संतर्प्य तत्र नादश्रवणतत्परो मुहूर्ते लयं विभाव्य। पुनरपि तथैवाज्ञाचक्रादिक्रमेण तेषु तेषु कमलेषु तैस्तैक्षरेः संपूज्य अवरोहेमि मंत्रेण कमलात्कमलमपरोह्य। पुनरपि मूलाधारे स्वस्थाने स्थापयेदित्यारोहावरोहक्रमेण।

तदन्तर मणिपूरक में नाभि के मध्य नीलवर्ण वाले दशकमलदल वाले स्थान पर रखे। उसके बाद डं नमः। ढं नमः। णं नमः। तं नमः। थं नमः। धं नमः। नं नमः। पं नमः। फं नमः इस मन्त्र को पत्तों के मध्य लिखकर मूल भाग से पूजा करें। उसके पश्चात् अनाहत नाद सम्पन्न वक्ष पर पिङ्गलवर्ण वाले द्वादशदल में उसे लाकर 'कं नमः (उपरोक्त मंत्र) ठं नमः'। इस मन्त्र को पत्तों के मध्य लिखकर मूलभाग से उसकी पूजा करें। तदन्तर अत्यधिक निर्मल तेज सम्पन्न कण्ठ में धूम्रवर्ण वाले षोडशदलकमल में उसे लेकर अं नमः (उपरोक्त मंत्र) अः नमः यह मन्त्र पत्तों पर लिखकर मूलभाग से पूजा करें। उसके पश्चात् सहस्त्रदलकमलकर्णिकान्तर्गत बिन्दुरूप तेजोमयपरमशिव के साथ ऐक्य स्थापित करें। उसके बाद उससे निकलते हुए अमृततत्व से उसका तर्पण करके नाद श्रवण में लीन होकर पुनः उसी तरह से आज्ञाचक्र आदि के क्रम से उन उन कमलों में उन अक्षरों से पूजा करें।

परां देवींकुण्डलिनीं ध्यात्वा प्राणायामऋष्यादि करषंडगन्यास ध्यानानि वक्ष्यमाणक्रमेण कृत्वा यथाशक्ति जपं विधाय पुनरपि प्राणायामादिना जपं समर्प्य। नित्यकृत्यं समर्पयेत्। प्रातः प्रभृति सायांतं सायादिप्रातरंततः। यत्करोमिजगद्योने तदस्तु तव पूजनम्। इति समर्प्य स्वकार्यानुष्ठानाय त्रैलोक्यचैतन्यमये सुरेशि प्रत्यंङ्गिरे त्वच्चरणाज्ञयैव प्रातः समुत्थाय तव प्रियायै संसारयात्रामनुवर्तयिष्ये। संसारयात्रामनुवर्तमान त्वदाज्ञया श्रीपरमेशि देवि। स्पर्धातिरस्कारकलिप्रमादभयानि मां माभिभवंतुमातः। जानामि धर्मं न च मे प्रवृत्तिर्जानाम्यधर्मं न च मे निवृत्तिः। त्वया हृषीकेश हृदिस्थयाहं यथा नियुक्तोऽस्मि तथा चरामि।

परादेवी कुण्डलिनी का ध्यान करके प्राणायाम ऋष्यादि कर न्यास, षडङ्गन्यास ध्यान इत्यादि आगे कहे जाने वाले क्रम से करके सामर्थ्य के अनुसार जप करें। पुनः प्राणायाम आदि के द्वारा जप को समर्पित करके नित्यकर्म करें। प्रातःकाल से लेकर सायंकाल तथा सायंकाल से लेकर प्रातःकाल तक यत्करोमि (उपरोक्त) तव पूजनम् हे जगत् की उत्पत्ति के मूल कारण मैं जो कुछ भी कर रहा हूं वह सब तुम्हारा पूजन ही है–इस तरह समर्पित करके अपने कार्यानुष्ठान हेतु 'हे त्रैलोक्य चैतन्यपयी सुरेश्वरी प्रत्यङ्गिरा! आपकी अनुमति से ही प्रातःकाल से उठकर आपकी ही संतुष्टि के लिए संसार यात्रा कर रहा हूं। इस संसार यात्रा में चलते हुए हे परमेश्वरी देवी! आपकी आज्ञा से स्पर्धा तिरस्कार कलिप्रमाद तथा भय आदि मुझे न घेरें। हे माता! मैं धर्म के स्वरूप को समझता हूं किन्तु उसमें मेरी प्रवृत्ति नहीं है, अधर्म के स्वरूप का भी मुझे ज्ञान है किन्तु उससे निवृत्ति नहीं हो पा रही है। हे हृषिकेश! आपके द्वारा अन्तःकरण में विद्यमान होकर जैसा नियुक्त किया जाता हूं वैसा ही आचरण करता हूं।

इति देव्याज्ञां प्रार्थ्य

संकल्प अजपाजपं सहजसिदं तत्तद्देवताभ्यः संकल्पं समर्पयेत्। ॐ पूर्वेद्युरहोरात्राचरितमुच्छ्वासनिःश्वासात्मकंषट्शताधिकमेकविंशतिसहस्त्रसंख्याकमजपाजपमहं करिष्ये।

इस प्रकार से देवी की आज्ञा की प्रार्थना करके सहज सिद्ध अजपाजप को संकल्पपूर्वक तत्तद् देवताओं को समर्पित करें। 'प्रातःकाल से लेकर दिन रात आने वाले श्वास-प्रश्वास रूप इक्कीस हजार छः सौ अजपाजप करूंगा।' इस संकल्प को समर्पित करें।

इति संकल्प्य समर्पयेत्

ॐ ऐं ह्रीं श्रीं मूलाधारचक्रस्थाय गणपतये अजपाजपानां षट्शतं 600 समर्प्यामि नमः। ओ ऐं ह्रीं श्रीं स्वाधिष्ठानचक्रस्थाय ब्रह्मणे अजपाजपानां षट्सहस्त्राणि 6000 समर्प्यामि नमः।

ॐ ऐं ह्रीं श्रीं मूलाधार चक्र पर विराजमान गणपति के लिए छः सौ 'अजपाजप को समर्पित करता हूं। 'नमः' ॐ ऐं ह्रीं श्रीं स्वाधिष्ठानचक्र विराजमान ब्रह्मा जी के लिए छः हजार अजपाजप को समर्पित करता हूं।

ॐ ऐं ह्रीं श्रीं मणिपूरचक्रस्थाय विष्णवे अजपाजपानां षट्सहस्राणि 6000 समर्प्पयामि नमः।

ॐ ऐं ह्रीं श्रीं मणिपूरकचक्र पर स्थित विष्णु के लिए छह हजार अजपाजप को समर्पित करता हूं।

ॐ ऐं ह्रीं श्रीं सहस्रदलकमलकर्णिकामयस्थाय श्रीगुरुपादुकायै अजपाजपानां सहस्रं समर्प्पयामि नमः।

ॐ ऐं ह्रीं श्रीं सहस्रदलकमलकर्णिका पर विराजमान श्री गुरुपादुका के लिए एक हजार अजपाजप को समर्पित करता हूं।

इत्यजपाजपं समर्प्य

अजपामंत्रेण प्राणायामं कृत्वा।
हंसात्मने ऋषये नमः शिरसि।
अव्यक्तगायत्रींछदसे नमः मुखे।
परमहंसाय देवतायै नमः हृदये।
ॐ ऐं ह्रीं श्रीं हं बीजाय नमः मूलाधारे।
ॐ ऐं ह्रीं श्रीं सः शक्तये नमः पादयोः।
ॐ ऐं ह्रीं श्रीं सोहं कीलकाय नमः नाभौ।
ॐ ऐं ह्रीं श्रीं ओंकारतत्वाय नमः हृदये।
ॐ ऐं ह्रीं श्रीं उदात्तस्वराय नमः कंठे।
ॐ ऐं ह्रीं श्रीं नभसे स्थानाय नमः मूर्ध्नि।
ॐ ऐं ह्रीं श्रीं हैमाय वर्णाय नमः सर्वांगे।

इस प्रकार से अजपाजप को समर्पित करके, अजपाजप मन्त्र से प्राणायाम करके, हंसात्मने नमः.. सर्वांगे।

इति विन्यस्य। मम मोक्षार्थे जपे विनियोगः।

इति कृतांजलिर्वदेत्। ततः।

ॐ ऐं ह्रीं श्रीं हूसां सूर्यात्मने स्वाहा **अंगुष्ठाभ्यां नमः।**

ॐ ऐं ह्रीं श्रीं हूसीं सोमात्मने स्वाहा **तर्जनीभ्यां नमः।**

ॐ ऐं ह्रीं श्रीं हूसुंनिरंजनात्मने स्वाहा **मध्यमाभ्यां नमः।**

ॐ ऐं ह्रीं श्रीं हूसौं निराभासात्मने स्वाहा **अनामिकाभ्यां नमः।**

ॐ ऐं ह्रीं श्रीं हूसौं कनिष्ठतनुः सूक्ष्मा देवी प्रचोदयात्स्वाहा **कनिष्ठिकाभ्यां नमः।**

ॐ ऐं ह्रीं श्रीं हूसः।

अव्यक्तबोधात्मने स्वाहा **करतलकरपृष्ठाभ्यां नमः**। इति **करन्यासः**। अथ **षडङ्गन्यास।**

ॐ ऐं ह्रीं श्रीं हूसां सूर्यात्मने स्वाहा **हृदयाय नमः।**

ॐ ऐं ह्रीं श्रीं हूसीं सोमात्मने स्वाहा **शिरसे स्वाहा।**

ॐ ऐं ह्रीं श्रीं हूसूं निरंजनात्मने स्वाहा **शिखायै वषट्।**

ॐ ऐं ह्रीं श्रीं हसैं निराभासात्मने स्वाहा **कवचाय हुं।**

ॐ ऐं ह्रीं श्रीं हूसौं कनिष्ठतनुः सूक्ष्मा देवी प्रचोदयात्स्वाहा **नेत्रत्रयाय वौषट्।**

ॐ ऐं ह्रीं श्रीं हूसः अव्यक्तबोधात्मने स्वाहा **अस्त्रायफट्।**

इति करयोर्विन्यस्य

हृद्यप्येतानेव मंत्रान्विन्यस्य ध्यानं कुर्यात।

> द्यां मूर्धानं यस्य विप्रावदंति खंवै नाभिं चंद्रसूर्यौं च नैत्रे। दिग्भिः श्रोत्रे यस्य पादौ क्षितिश्च ध्यातव्योऽसौ सर्वभूतांतरात्मा। इति विराट्स्वरूपं स्वात्मानं ध्यात्वा।

यह विन्यास करके मेरे मोक्ष हेतु जप का विनियोग है ऐसा हाथ जोड़कर कहें। उसके बाद क्रमशः करन्यास, षडङ्गन्यास करें। तदन्तर हाथों को जोड़कर 'हृद्यप्येतानेव' मन्त्र से विन्यासपूर्वक ध्यान करें। पश्चात् 'द्यां मूर्धानं .... सर्वभूतांतरात्मा' से विराट्स्वरूप स्वयं का ध्यान करें।

तदनुसंधायिप्राणवायोर्निर्गमप्रवेशात्मकमजपामंत्रम्। हंसः। पंचविंशतिवारंजप्त्वा समर्प्य।

गुरुपदिष्टमार्गेण नादानुसंधानपूर्वकं निरस्तसमस्तोपाधिना। केनापि चिद्विलासेन प्रवर्तमानोऽस्मीति विभाव्य स्वकार्य्यानुष्ठानाय।

समुद्रमेखले देविपर्वतस्तनमंडले।

विष्णुपत्नि नमस्तुभ्यं पादस्पर्शं क्षमस्व मे।

इति भूमिं प्रार्थ्य श्वासानुसारेण तस्यां पादं निधाय। नद्यादौ गत्वा, वैदिक स्नानं निर्वत्या। तत्रादौ। मूलम् आत्मतत्त्वाय स्वाहा। मूलविद्यातत्त्वाय स्वाहा। मूलशिवतत्त्वाय स्वाहा। अथवा ॐ ऐं ह्रीं स्वाहा।

तांत्रिक स्नान विधि

इत्याचम्य मूलं स्मरन्। मलापकर्षणस्नानं विधाय पुनराचम्य। ॐ अद्यामुकमासस्यामुकपक्षस्य तिथाव अमुकायाम् अमुक क्षेत्रे अमुकशर्माहं श्री कुलदेवताप्रीतये तांत्रिकाविधिना स्नानमहं करिष्ये इति संकल्पं कृत्वा।

जले त्रिकोणचक्रं विलिख्य।

सूर्यमण्डलात्।

गंगे च यमुने चैव गोदावरि सरस्वति।

नर्मदे सिंधुकावेरिजलेऽस्मिन्सन्निधिं कुरु।

इसके पश्चात् प्राणवायु का सन्धान करके निर्गय एवं प्रवेश रूप 'हंसः' इस अजपाजप मन्त्र का पच्चीस बार जप को समर्पित करें। तदनन्तर गुरु के द्वारा बताये हुए मार्ग से नादानुसन्धानपूर्वक समस्त उपाधियों से रहित होकर किसी ज्ञान स्वरूप के द्वारा चलाया जा रहा हूं। अपने कार्य की सिद्धि के लिए इस प्रकार की भावना करके समुद्ररूपी मेखला से युक्त पर्वत रूपी स्तनमंडलों से सुशोभित है विष्णुपत्नि, हे देवी मेरे द्वारा पांव से किये जाते हुये स्पर्श को क्षमा करो।

इस तरह भूमि को प्रार्थना करके श्वास के क्रम से भूमि पर पांव रखकर सर्वप्रथम नदी पर जाकर वैदिक स्नान से निवृत्त होवे। उसके बाद सर्वप्रथम आत्मतत्त्वाय.......... ...... ॐ ऐं ह्रीं स्वाहा, इस तरह आचमन करके मूल भाग का स्मरण करें।

उसके बाद मलापकर्षण स्नान करके पुनः आचमन करें। तदनन्तर 'अद्य............ करिष्ये' यह संकल्प करके जल में त्रिकोण चक्र बनाकर सूर्यमण्डल से–'हे गंगा, यमुना, गोदावरी, सरस्वती, नर्मदा, सिन्धु, कावेरी आप सभी इस जल में प्रवेश करें।

इति अंकुशमुद्रया तीर्थमावाह्य। पुरः कल्पितीर्थे संयोज्य। आचम्य। स्वात्मानं प्रोक्ष्य मूलेन मृत्तिकया स्नपनं विधाय। मूलं पठन्। कुंभमुद्रयाहितां स्वदेवतां त्रिभिरभिषिच्य। श्रवणादिसप्तच्छिद्राणि निरुध्य। त्रिर्निमज्ज्योन्मज्जेत्। इति स्नान विधिः।

इस तरह अंकुश मुद्रा के द्वारा तीर्थों का आवाहन करके समक्ष कल्पित तीर्थों का संयोजन करके आचमन करें। स्वयं का प्रोच्छन करते हुए मिट्टी का लेप करके कुम्भ मुद्रा से आवाहित स्वदेवता का तीन बार अभिषेक करके श्रवणेन्द्रिय आदि सातों शरीर के छिद्रों को बन्द करके डुबकी लगाकर स्नान करें।

अथ संध्या।

पूर्ववदाचम्य स्वमूलप्राणायामः ऋष्यादि करषडंगं विधाय। पूर्ववत्तीर्थमावाह्य। वामहस्तेतज्जलं निधाय। दक्षहस्तेनाच्छाद्य।

लं वं रं यं हं। इति त्रिरभिमंत्रय मूलमुच्चरंस्तत्त्वमुद्रया। मूर्ध्नि सप्तधा मूलेन च त्रिधाभ्युक्ष्य। शेषजलं दक्षहस्ते समाधाय तेजोरूपंध्यात्वाइडया देहांतः पापंप्रक्षाल्य। कृष्णवर्णे तज्जलं पापरूपं पिंगलयाविरच्य। पुरः कल्पितवज्रशिलायां फडिति निक्षिपेत्। ततोऽर्घ्यं विधाय। ॐ ह्रां ह्रीं हं सः श्रीमार्तण्ड भैरवाय प्रकाशशक्तिसहिताय इदमर्घ्यं परिकल्पयामि स्वाहा। इति त्रिरर्घ्यं कुलसूर्य्याय दत्त्वा। हृत्पद्मात्सूर्यमण्डले मूलदेवीं नीत्वा तत्र विधिवद्ध्यात्वा।

संध्या—पहले की ही तरह आचमन करके मूल में प्राणायाम करें। ऋष्यादि करन्यास षडङ्गन्यास करके पहले की ही तरह तीर्थों का आवाहन करके बायें हाथ में उस जल को लेकर दाहिने हाथ से ढककर लं वं रं यं हं' में तीन बार अभिमन्त्रित करके तत्वमुद्रा से सात बार सिर पर तथा मूलभाग पर तीन बार छिड़क कर शेष जल को दाहिने हाथ में लेकर तेज सम्पन्न रूप का ध्यान करके इडा नाड़ी के द्वारा शरीरान्तर्गत पाप का प्रक्षालन करके कृष्णवर्ण वाले उस पाप रूप जल को समक्ष कल्पित वज्रशिला पर फर कहकर फेंक दें। उसके बाद अर्घ्य लेकर 'ॐ ह्रां........स्वाहा' इस मन्त्र से सूर्यदेवता को तीन बार अर्घ्य दें। तदनन्तर हृदय रूपी कमल पर सूर्यमण्डल में मूलदेवी को स्थापित करके उनका विधिवत ध्यान करें।

प्रत्यंङ्गिरा गायत्री

ॐ प्रत्यंङ्गिरायै विद्महे शत्रुनिषूदिन्यै धीमहि। तन्नोदेवी प्रचोदयात्। इति मूलगायत्री। अनयाचतसृषु सन्ध्यासु सूर्यमण्डले मूलदेव्यै। अर्घ्य दत्वा। यथाशक्ति जपेत्। चतसृषु सन्ध्यासु क्रमशो मूलाधारहृत्कमलभ्रूमध्यब्रह्मरंध्रेभ्यो देवीतेजः समाकृष्य। इडया विरेच्य कलितवह्नि सूर्यचन्द्रतारामण्डलेषु निक्षिप्य। ततः देवीं ध्यात्वा।

प्रत्यंङ्गिरा गायत्री–ॐ प्रत्यंङ्गिरायै.......................... प्रचोदयात् इस मूल गायत्री से चारों सन्ध्याओं में सूर्यमण्डल में मूलदेवी को अर्घ्य प्रदान करें तथा सामर्थ्य के अनुसार जप करें। चारों सन्ध्याओं में क्रमशः मूलाधार हृत्कमल भ्रूमध्य तथा ब्रह्मरन्ध्र से देवी के तेज को खींचकर इडा के द्वारा विरेचन करके कल्पित अग्नि को सूर्य चन्द्र तारामण्डल आदि की ओर निक्षेप (फेंक) करके देवी का ध्यान करें।

स्वस्वगायत्र्यार्घ्ये दत्वा। यथाशक्ति स्वस्वगायत्रींजप्तवा। पुनर्मूलेगायत्रीं च जप्त्वा। स्वस्वबीजाक्षरं सर्वे मूलं च जपित्वा। प्राणायामादिना जपं समर्प्य मण्डलेभ्यो देवीतेजः। स्वस्वस्थाने देवीं च हृदि आनीय ध्यायेदिति संध्याविधिः। ततस्तर्पणम्। पूर्ववदाचम्य प्राणायामादि कृत्वा। तीर्थमावाह्य। मूलेन जलं सप्तधाऽमृतद्रयाऽमृतीकृत्य। तत्र जले यंत्रं ध्यात्वा। तत्र देवीं हृदयात्सपरिवारामानीय षडंगयोगेन संकलीकृत्य। कुण्डलिन्याः प्रयोगेनामृतेनाभिषिच्य। विधिवत्प्रपूज्य। ऐशान्याम्।

पादुकापूजन

ऐं श्रीं श्रीं अमुकानन्दनाथ भैरवस्तृप्यतामिति त्रिः संतर्प्य। वह्नौ परमगुरुश्रीपादुकां तर्पयामि। नैऋत्यां परमाचार्यगुरुश्रीपादुकां तर्प्पयामि। वायव्ये। परमेष्ठिगुरुश्रीपादुकां तर्प्पयामि इति त्रिः सकृद्वा संतर्प्य। दिव्यसिद्धमानवौघनपि गुरुन्संतर्प्य। जले यंत्रं विभाव्य। मूलभैरवसहिते प्रत्यंङ्गिरे तृप्यतामिति त्रिः संतर्प्य। परिवारानपि संतर्प्य। प्राणायामादि विधाय। देवीं स्वहृदिविसृजेदिति। तीर्थे च विसृजेत्स्वस्थाने इति तर्प्पणम्।

पादुकापूजन–ऐशान्य दिशा में ऐं श्रीं श्रीं .... तृप्यताम् द्वारा तीन बार तर्पण करके वह्नौ........................तर्पयामि इस तरह तीन बार या एक बार तर्पण कर।

दिव्य सिद्ध मनुष्यरूप गुरुओं का तर्पण करके जल में यन्त्र को रचना करके 'मूलभैरवसहित प्रत्यङ्गिरा देवी संतुष्ट हो' इस प्रकार तीन बार उनके परिवार सहित तर्पण करें। अनन्तर प्राणायाम आदि करके देवी का अपने हृदय में विसर्जन करें। यह विसर्जन तीर्थ में करें तो अधिक उपयुक्त है।

ततो गृहमागत्य। जलादिना द्वारदेवताः पूजयेत्।

ॐ धात्र्यैनमः। विं विधात्रयै नमः दक्षे। गं गंगायै नमः वामे। द्वारश्रियै नमः। देहल्यै नमः ऊर्ध्वें। वास्तुपुरुषाय नमः। अधः।

इति संपूज्यं। विरोधासनेनोपविश्य।

तदन्तर घर आकर जल आदि द्वार के देवता की निम्न मन्त्रों से पूजा करें– ॐ धात्र्यै .... अधः। इस प्रकार पूजा करके विरुद्ध आसन में बैठकर

पृथ्वित्वया धृता लोका देवि त्वं विष्णुना धृता।

त्वं च धारय मां देवि पवित्रं कुरु चासनम्।

इति पृथ्वींप्रार्थ्य। संविदं यथामंत्रं स्वीकुर्यात्। तद्विधियथा।

'हे पृथ्वी माता तुमने लोकों को धारण किया है। हे देवी विष्णु भगवान् ने तुम्हें धारण किया है। अतः हे देवी तुम मुझे धारण करती हुई आसन को पवित्र करो।'

संविदे ब्रह्मसंभूते ब्रह्मपुत्रि सदानघे।

ब्राह्मणानां च तृप्त्यर्थे पवित्रा भव सर्वदा।

ॐ ब्राह्मण्यै नमः स्वाहा।

सिद्धि मूलक्षये देवि हीनबोधप्रबोधिनि।

राजाप्रजावंशकरि शत्रुपक्षनिषूदिनि।

ऐं क्षत्रियायै नमः स्वाहा।

अज्ञानेंधनदीप्ताग्नौ ज्ञानाग्नि ब्रह्मरूपिणी।

आनंदस्याहुतिं प्रीतिं सम्यग्ज्ञानं प्रयच्छ मे।

ह्रीं वैश्यायै नमः स्वाहा।

नमस्यामि नमस्यामि योगमार्गप्रदर्शिनि।

त्रैलोक्यविजये मातः समाधिफलदा भव।

क्लीं शूद्रायै नमः स्वाहा।

इस प्रकार पृथ्वी से प्रार्थना करके अधोलिखित मन्त्रों से संविदा करे। हे ज्ञानस्वरूपिणी हे ब्रह्मसम्भूते ब्रह्मपुत्रि। निष्कलुज स्वभाव वाली ब्राह्मणों की संतुष्टि के लिए तुम सदा पवित्र होवो। ॐ ब्राह्मण्यै नमः स्वाहा। हे सिद्धिभूलक्षये अन्य ज्ञान को

भी प्रबोधित करने वाली राजा और प्रजा को अपने वश में करने वाली तथा शत्रु पक्ष का विनाश करो। ऐं क्षत्रियायै नमः स्वाहा। अज्ञानरूपी इन्धन से प्रज्वलित अग्नि में है ब्रह्मरूपिणी ज्ञानाग्नि। आप हमें आनन्द और प्रेम के साथ सम्यक् ज्ञान प्रदान करें। ह्रीं वैश्यायै नमः स्वाहा। हे योग मार्गप्रदर्शिनि, तीनों लोकों पर एकाधिकार रखने वाली माता मैं आपको बार-बार नमन करता हूं। आप मेरे द्वारा की जाने वाली कर्म का उचित फल प्रदान करें। क्लीं शूद्रायै नमः स्वाहा।

इति अभिमंत्रय। ॐ अमृते अमृतोद्भवे अमृतवर्षिणि अमृतमाकर्षयाकर्षय सिद्धिं देहि देहि। अमुकपदंमेवशमानय स्वाहेतितदुपरि सप्तधामूलं च जप्त्वा। धेनुमुद्रयामृतीकृत्यावाहनानिदमुद्राः संदर्श्य। छोटिकाभिर्दिग्वंधं विधाय। ऐं वदवदवाग्वादिनी मम जिह्वाग्रें स्थिरीभव। सर्वसत्त्वशंकरी स्वाहा। इत्यनेन मुखे जुहुयात्।

इस तरह से अभिमन्त्रित करें। ॐ अमृते..........देहि। अमुक (पदनाम लेकर) में वशमानय स्वाहा कहकर उसके पश्चात् सात बार मूल जप करें। धेनु मुद्रा से अमृतरूप करके आवाह्न आदि की मुद्रा को दिखाकर छोटिका आदि के द्वारा दिग्बन्धं करके ऐं वद................स्थिरी भव...........स्वाहा इस कथन के साथ मुख में हवन करें।

तत आनन्दमयो भूत्वा

भूतशुद्धि

अपसर्पन्तु ते भूता ये भूता भुवि संस्थिताः।
ये भूता विघ्नकर्तारस्ते नश्यंतु शिवाज्ञया।
पाखंडकारिणो भूत्वा भूता भूम्यंतरिक्षगाः।
दिवि लोके स्थिता ये च ते नश्यन्तु शिवाज्ञया।

इसके पश्चात् प्रसन्तापूर्वक अधोलिखित मन्त्रों से भूतशुद्धि करें–

अपसर्पन्तु (उपरोक्त मंत्र) शिवाज्ञया।

इति तर्ज्जनीमध्यमाभ्यामूर्ध्वो र्ध्वतालत्रयदानेनवामपार्ष्णिघातत्रयेण दिव्यदृष्ट्या च त्रिविधान्विघ्नानुत्सार्य्य। छोटिकाभिर्दशदिग्बंधं कृत्वा। चतुर्दिक्षु वह्निप्राकारं संचिंत्य प्राणायामं कुर्यात्। तत्र प्रणवं षोडशवारमुच्चरन्। दक्षांगुष्ठेन दक्षनासापुटं निरुद्धय वामेन पवनं पूरयेत्। ततस्तमेव चतुष्षष्टिवारमुच्चरन्। दक्षानामाकनिष्ठाभ्यां वामं पुटं च निरुध्य। द्वाभ्यां पवनं कुंभयेत्। ततस्तमेव द्वात्रिंशद्वारमुच्चरन्। वामं पुटं तथैव निरुध्य। दक्षेण पवनं रेचयेदित्येकः प्राणायामः। एष एव विपर्ययेण द्वितीयः। प्रथमवृत्ततीयः। इत्थं प्राणायामेन निरस्तसकलकलुषं स्वदेहं दवेताराधनयोग्यं विभाव्य भूतशुद्धिं कुर्यात्। अथ मूलाधारे हंस इति

मंत्रेण कुंडलिनी पृथ्व्या सह स्वाधिष्ठाने आनीय। तत्र जले पृथ्वीं लीनां विभाव्य।

इन मन्त्रों के पाठ के साथ तर्जनी तथा मध्यमा अंगुलियों द्वारा ऊपर-ऊपर तीन बार ताली बजाकर बाये कन्धे के पास तीन बार स्पर्श करके आंखों को मूंदकर ज्ञाननेस से आध्यात्मिक, आधि दैविक, आधि भौतिक तीनों ही प्रकार के विघ्नों को दूर करके छोटिका (कुशनिर्मित) आदि के द्वारा दशों दिशाओं को बांधकर चारों दिशाओं को अग्नि के द्वारा वेष्टित करके प्राणायाम करें। उस प्राणायाम के अन्तर्गत सोलह बार प्रणव (ॐ) का उच्चारण करते हुए दाहिने अंगूठे से दाहिने नासिके छिद्र को बन्द करके बायें नासापुट से वायु को खींचे। इसी प्रकार चौसठ बार उच्चारण करते हुए दाहिनी अनामिका और कनिष्ठिका से बायें नासापुट को बन्द करके दोनों से वायु का कुम्भक करें। उसी तरह से बायें नासापुट को बन्द करके दाहिने से वायु का रेचन करें यह एक प्राणायाम है। इसी को विपर्यय (उल्टे रूप) से करें–यह द्वितीय प्राणायाम है। पहले की ही तरह तृतीय प्राणायाम करें। इस तरह से प्राणायाम के द्वारा अपनी शरीर को सभी दोषों से रहित अर्थात् शुद्ध निर्मल करके उसे देवता की उपासना के योग्य बनाकर भूतशुद्धि करें। इसके पश्चात् मूलांधार में हंसः इस मन्त्र से कुण्डलिनी को पृथ्वी के साथ स्वाधिष्ठान चक्र में लाकर वहां जल में पृथ्वी के डूबे होने की भावना करें।

तस्माज्जलने सह मणिपूरे समानीय तत्र वह्नौ जलंलीनं विचिंत्य। तस्माद्वाह्निना सहानाहते समानीय तत्र वायौ वह्निं लीनं विचिंत्य। तस्माद्वायुनासह विशुद्धे समानीय। तत्रस्थाकाशे वायुं लीनं विचिंत्य। तस्मादाकाशेन सह आज्ञाचक्रे समानीय। तत्रस्थंमनस्याकाशं लीनं संचिंत्य मनोनादे लीनं विभाव्य। ध्वनौ ध्वनिं समर्प्य।

उसके घश्चात् उसे जल के साथ मणिपुर स्थान में लाकर अग्नि में जल की लीनता की भावना करके उसे अग्नि के साथ अनाहत चक्र में लाकर वायु में अग्नि की लीनता की भावना करें। उसे वायु के साथ विशुद्ध चक्र में लाकर आकाश में वायु की लीनता की भावना करें। उसे आकाश के साथ आज़ाचक्र में लाकर मन में आकाश की लीनता की भावना करें और मन को नाद में लीन समझकर नाद में ही नाद को समर्पित करें।

सहस्त्रदलकमलकणिकांतस्थ चंद्रमंडलमध्यगतस्त्रिकोणांतर्गत तेजोमयबिन्दुरूपपरमशिवे तं समर्प्य। प्राणायामाविधिना यमिति वायुबीजं धूम्रवर्णे षोडशधाजपन्। शरीरे वामकुक्षिस्थितं पापपुरूषं कज्जलप्रभम्। ब्रह्महत्याशिरस्वकं च स्वर्णस्तेयभुजद्वयम्। सुरापानहृदायुक्तं गुरुतल्पकटिद्वयम्। तत्संसर्गपदद्वंद्वमंगप्रत्यंगपातकम्। उपपातकरोमाणं रक्तश्मश्रुविलोचनम्। खड्गचर्मधरं क्रुद्धं पुण्यं पापविचिन्त्य तम्। संशोष्यरमिति वह्निबीजं रक्तवर्णचतुष्षष्टिवारं सहस्त्रारे विचिंत्य।

द्वात्रिंशद्वारं जपेस्तद्रवामृतवृष्ट्या निष्पापां शरीरमुत्पाद्य। ललाटस्थलमिति पृथ्वीबीजेन पीतवर्णेन षोडशधा जप्तेन सुद्दढीकृत्य ह्रीमिति षोडशधा जप्तेन मूलस्थेन साकाश शक्तिबीजेनऐश्वर्ये देहं विधाय। सोहमिति मंत्रेणकुण्डलिनीममृतलोलीभूतां पंचभूतानि जीवात्मानं ब्रह्मपथेन स्वस्वस्थाने नियोजयत्। ततो देवी रूपमात्मानं विचिंत्य। हृदि दक्षहस्तं निधाय।

नाद को भी सहस्त्रदलकमलकणिकान्तस्थ चन्द्रमण्डल के मध्य त्रिकोणान्तर्गत तेजोमय बिन्दुरूप परमशिव में समर्पित करें और प्राणायामाविधि से 'यं' इस वायु बीज को धूम्रवर्ण में सोलह बार जप करे। तथा शरीर में वाम....................................तम् के विनष्ट होने की भावना करके रं इस रक्तवर्णवाले वाहिनबीज को चौसठ बार सहस्त्रार के चिन्तन करके बत्तीस बार जप करें। उससे द्रवरूप अमृतवृष्टि से शरीर को निर्दोष करके ललाट में स्थित 'लं' इस पीत वर्ण वाले पृथ्वी बीज से सोलह बार जप कर उसे सुदृढ़ करके 'ह्री' का सोलह बार जप करके मूलधार में स्थित आकाश शक्तिबीज के साथ ऐश्वर्य युक्त शरीर की भावना करके 'सोडहम्' इस मन्त्र से अमृत से परिपूर्ण कुण्डलिनी को पञ्च महाभूत तथा जीवात्मा को ब्रह्ममार्ग से अपने-अपने स्थान पर व्यवस्थित करें। उसके पश्चात् स्वयं को दैवभाव से सम्पन्न समझकर हृदय पर दाहिना हाथ रखकर प्राण प्रतिष्ठा करें।

प्राण प्रतिष्ठा मन्त्र

प्राण प्रतिष्ठां कुर्यात्।

ॐ आंह्रींक्रौंयंरंलवंशषंसंहंलंक्षहूसौंहंस: श्रीप्रत्यंङ्गिराया: प्राणा इह प्राणा:। ॐ आंह्रीक्रौंयंरंलंवंशंपंसंहंलंक्षंहूसौंहंस: सर्वेद्रियाणि इह स्थितानि ॐ आंह्रींक्रोंयंरंलंवंशंषंसंहळंक्षं हूसौं हं स:। वाङ्मनस्त्वक्चक्षु: श्रोत्रघ्राणप्राणाइहागत्य सुखं चिरं तिंष्ठतु स्वाहा। इति प्राणप्रतिष्ठां **विधाय। स्वमूलऋष्यादिस्मरणं विदधीत तद्यथा।**

अस्य श्रीप्रत्यंङ्गिरामहामंत्ररास्य भैरवऋषि:। अनुष्टुपछंद:। श्रीप्रत्यंङ्गिरा देवता। ह्रींबीजं। श्रींशक्ति: स्वाहा कीलकम् विद्यासिद्ध्यर्थे जपे विनियोग:। इति कृतांजलि: स्मृत्वा। **यथाविधि न्यसेत्।**

भैरवऋषये नम: **शिरसि।**

अनुष्टुप्छंदसे नम: **मुखे।**

श्रीप्रत्यंङ्गिरादेवतायै नम: **हृदि।**

ह्रीं बीजाय नम: **गुह्ये।**

श्री शक्तये नम: **पादयो:।**

स्वाहाकीलकाय नम: **नाभौ।**

स्वाहाकीलकाय नम: **नाभौ।**

मम श्रीधर्मार्थकाममोक्षार्थे जपे विनियोग:। **सर्वांगे।**

इति ऋष्यादिस्मरणम्

ऐं नम: नाभ्यादिपादांतं ह्रां नम: कंठादिनाभ्यंतम्।

श्री नम: मूर्धादिकंठांतम्।

ऐं नम: वामपाणितले।

ह्रीं नम: दक्षिणपाणितले।

श्रां नम: उभयो:।

अथ स्वमूलकरन्यासः।

ॐ ऐं अंगुष्ठाभ्यां नमः।

ॐ ह्रीं तर्ज्जनीभ्यां नमः।

ॐ श्रीं मध्यमाभ्यां नमः।

प्रत्यंङ्गिरे अनामिकाभ्यां नमः।

मम रक्ष रक्ष कनिष्ठिकाभ्यां नमः। मम शत्रून् भक्ष भक्ष।

ॐ स्वाहा करतलकरपृष्ठाभ्यां नमः। इति करन्यासः।

अथषडंगन्यास

ॐ ए हृदयाय नमः।

ह्रीं शिरसे स्वाहा।

श्रीं शिखायै वषट्।

प्रत्यंङ्गिरे कवचाय हुम्।

मम रक्ष रक्ष नेत्रत्रयाय वौषट्।

मम शत्रूणां भक्ष-भक्ष।

ॐ स्वाहा अस्त्राय फट् इति षडंगन्यासः।

अथ मातृकान्यासः

ॐ अस्य श्रीअंतर्मातृकान्यासस्यब्रह्मा ऋषिः गायत्रं छंदः श्रीमातृकासरस्वती देवता। हलो बीजानि। स्वराः शक्तयः। अव्यक्तंकीलकम्। मम श्रीप्रत्यंङ्गिरात्वेन न्यासे विनियोगः। इति प्रांजलिः स्मृत्वा न्यसेत्।

ब्रह्मऋषये नमः **शिरसि।**

गायत्रीछंदसे नमः **मुखे।**

श्रीअंतर्मातृकादेवतायै नमः **पादयोः।**

अव्यक्तं कीलकाय नमः **नाभौ।**

मम श्रीप्रत्यंङ्गिरात्वेन न्यासे विनियोगः **इति सर्वांगे।**

अथ मातृका करन्यासः। ॐ ऐंह्रींश्रींइंचंछंरजतंझंजंई तर्जनीभ्यां नमः। ॐ एह्रीं श्रीं उंटंठंडंढंणंऊं **मध्यमाभ्यां नमः।** ॐ ऐंह्रीश्रींएंतंथंदंघंनऐं **अनामिकाभ्यां नमः** ॐ ऐंह्रींश्रींओंपंफंबंभंमं औं **कनिष्ठिकाभ्यां नमः** ॐ ऐंह्रींश्रींअंयंरंलंवंशंषंसंहंलंक्षं। अः**करतलकरपृष्ठाभ्यां नमः।** इति करन्यासः।

अथ षडंगन्यास

ॐ ऐंह्रींश्रींअंखंगंघंडंआं ह्रदयाय नमः।

ॐ ऐंह्रींश्रींउंटंठंडंढंणंऊं शिखायै वषट्।

ॐ ऐंह्रींश्रींएंतंथंदंघंनंऐं कवचाय हुं।

ॐ ऐंह्रींश्रींओंपंफंबंभंमंऔं **नेत्रत्रयाय** वौषट्।

ॐ एंह्रींश्रींअंयंरंलंवंशंषंसंहंलंक्षंअः **अस्त्रायफट्।**

इति करयोरंगुष्ठादितलांतं विन्यस्य। ह्रदयादिषडंगेष्वपि न्यसेत्। ततोंऽतर्मातृकान्यासः। लृंनमः अं नमः आं नमः इंनमः ई नमः उंनमः ऊंनमः ऋंनमः ॠंनमः लृंनमः एंनमः ऐंनमः ओंनमः औंनमः अंनमः अःनमः इति कंठे षोडशदले। कंनमः खंनमः गंनमः घंनमः डंनमः चंनमः छंनमः जंनमः झंनमः ञंनमः टंनमः ठंलमः इत्यनाहते द्वादशदले। डंनमः ढंनमः णंनमः तंनमः थंनमः दंनमः धंनमः नंनमः पंनमः फंनमः इति नाभौ दशदले। बंनमः भंनमः मंनमः यंनमः रंनमः लंनमः इति लिंगमूलेषट्दले। वंनमः शंनमः षंनमः संनमः इति मूलाधारे चतुर्दले। हंनमः क्षंनम इति भ्रूमध्ये द्विदले।

इत्यंतर्मातृकावदेव। न्याससस्तु।

ॐ ऐंह्रींश्रींआं नमः **शिरसि।**

ॐ ऐंह्रींश्रींआं नमः **मुखवृत्ते।**

ॐ ऐंह्रींश्रींइं नमः **दक्षनेत्रे।**

ॐ ऐंह्रींश्रींई नमः **वामनेत्रे।**

ॐ ऐंह्रींश्रींउं नमः **दक्षकर्णे।**

ॐ ऐंह्रींश्रींऊं नमः **वामकर्णे।**

ॐ ऐंह्रींश्रींऋं नमः **दक्षनासे।**

ॐ ऐंह्रींश्रींॠं नमः **वामनासे।**

1. ॐ ऐंह्रींश्रींलृं नमः **दक्षगंडे।**
2. ॐ ऐंह्रींश्रीलृं नमः **वामगंडे।**
3. ॐ ऐंह्रींश्रींएं नमः **ऊर्ध्वोष्ठे।**
4. ॐ ऐंह्रींश्रींऐं नमः **अधरोष्ठे।**
5. ॐ ऐंह्रींश्रीं ओंनमः **ऊर्ध्वदंतपंक्तौ।**

6. ॐ ऐंह्रींश्रींऔं नमः **अधोदंतपक्तौं।**

7. ॐ ऐंह्रींश्रींअं नमः **मूर्ध्नि।**

8. ॐ ऐंह्रींश्रींअ नमः **अस्थ्नि।**

9. ॐ ऐंह्रींश्रींकं नमः **दक्षबाहुमूले।**

10. ॐ ऐंह्रींश्रींखं नमः **कूर्प्परे।**

11. ॐ ऐंह्रींश्रींगं नमः **मणिबंधे।**

12. ॐ ऐंह्रींश्रींघं नमः **दक्षहस्तांगुलिमूले।**

13. ॐ ऐंह्रींश्रींङं नमः **दक्षहस्तांगुल्यग्रे।**

14. ॐ ऐंह्रींश्रींचं नमः **वामबाहुमूले।**

15. ॐ ऐंह्रींश्रींछं नमः **कूर्प्परे।**

16. ॐ ऐंह्रींश्रीं जं नमः **मणिबंधे।**

17. ॐ ऐंह्रींश्रीं झं नमः **वामहस्तांगुलिमूले।**

18. ॐ ऐंह्रींश्रींञं नमः **वामहस्तांगुल्यग्रे।**

19. ॐ ऐंह्रींश्रीं टं नमः **दक्षपादमूले।**

20. ॐ ऐंह्रींश्रीं ठं नमः जानुनि।

21. ॐ ऐंह्रींश्रींडं नमः गुल्फे।

22. ॐ ऐंह्रींश्रींढं नमः दक्षपादांगुलिमूले।

23. ॐ ऐंह्रींश्रींणं नमः दक्षपादांगुल्यग्रे।

24. ॐ ऐंह्रींश्रींतं नमः **वामपादमूले।**

25. ॐ ऐंह्रींश्रीं थं नमः **जानुनि।**

26. ॐ ऐंह्रींश्रींदं नमः **गुल्फे।**

27. ॐ ऐंह्रींश्रीं धं नमः **वामपादांगुलिमूले।**

28. ॐ ऐंह्रींश्रींनं नमः **वामदांगुल्यग्रे।**

29. ॐ ऐंह्रींश्रींपं नमः **दक्षपार्श्वे।**

30. ॐ ऐंह्रींश्रींफं नमः **वामपार्श्वे।**

31. ॐ ऐंह्रींश्रींबं नमः **पृष्ठे।**

32. ॐ ऐंह्रींश्रींभं नमः **नाभौ।**

33. ॐ ऐंह्रींश्रींमं नमः **उदरे।**

34. ॐ ऐंह्रींश्रीं यं त्वगात्मने नमः **वामांसे।**

35. ॐ ऐंह्रींश्रीं रं असृगात्मने नमः **दक्षांसे।**

36. ॐ ऐंह्रींश्रीं लं मांसात्मने नमः **ककुदि।**

37. ॐ ऐंह्रींश्रीं वं मेदसात्मने नमः **हृदादिदक्षकरांतम्।**

38. ॐ ऐंह्रींश्रींशम् अस्थ्यात्मने नमः **हृदादिवामकरांतम्।**

39. ॐ ऐंह्रींश्रीं षं मज्जात्मने नमः **हृदादिवामकरांतम्।**

40. ॐ ऐंह्रींश्रींसं शुक्लात्मने नमः **हृदादिदक्षपादांतम्।**

41. ॐ ऐंह्रींश्रींहं प्राणात्मने नमः **हृदादिवामपादांतम्।**

42. ॐ ऐंह्रींश्रींलं जीवत्मने नमः **पादादिहृदंतम्।**

43. ॐ ऐंह्रींश्रींक्षं पापात्मने नमः **हृदादिमूर्धोंतम्।**

इति विन्यस्य

पंचाशद्वर्णरूपां च कपर्दशशिभूषणाम्।
शुद्धस्फटिकसंकाशां शुद्धक्षौमविराजिताम्।
मुक्तारत्नस्फुरद्भूषां जपमालां कमंडलुम्।
पुस्तकं वरदानं च बिभ्रतीं परमेश्वरीम्।
एवं ध्यातवा मातृका न्यस्य विद्यान्यासं कुर्यात्।

यथा–

ऐंनमः मणिबंधे ह्रींनमः तले श्रीं नमः अग्रे इति दक्षकरे। ऐंनमः मणिबंधे ह्रीं नमः तले श्रींनमः अग्रे इति वामकरे। ऐंनमः दक्षकक्ष्ये ह्रींनमः दक्षकूर्परे श्रींनमः दक्षपाणौ ऐंनमः वामकक्ष्ये। ह्रींनमः वामकूर्परे श्रीनमः वामपाणौ। ऐंनमः दक्षपादकक्ष्ये। ह्रींनमः जानुनि। श्रींनमः पादाग्रे। ऐंनमः वामपादकक्ष्ये। ह्रींनमः जानुनि। श्रींनमः पादाग्रे। ऐंनमः लिंगे। ह्रींनमः हृदि। श्रींनमः नादांते। इति विद्यान्यासः।

ऊपर लिखित मन्त्रों से विन्यास करके– पचास स्वरूपों वाली जटा तथा चन्द्रमा से अलङ्कृत्त निर्मल स्फटिक के सदृश एवं निर्मल रेशमी वस्त्र से परआसीन मोती तथा रत्नों से विभूषित जपमाला और कमण्डलु से युक्त पुस्तक तथा वरमुद्रा वाली भगवती परमेश्वरी का मैं ध्यान करता हूं। इस प्रकार मातृका न्यास करके विद्या का न्यास करना चाहिए।

अथ नवयोनिन्यासः

ऐंनमः दक्षकर्णे। ह्रींनमः वामकर्णे। श्रींनमः चिबुके। एनमः दक्षशंखे। ह्रींनमः वामशंखे। श्रींनमः मुखे। ऐंनमः दक्षनेत्रे। ह्रींनमः वामनेत्रे। श्रींनमः

कुक्षौ। ऐंनमः दक्षजानुनि। ह्रींनमः वामजानुनि। श्रींनमः नाभौ। ऐंनमः दक्षपादे। ह्रींनमः वामपादे। श्रींनमःहृदि। ऐंनमः दक्षजानुनि। ह्रींनमः वामजानुनि। श्रींनमः कंठे। इति नवयोनिन्यासः।

ततः पुनरपि षडंगन्यासः समन्वयेन।

1. ऐं हृदयाय नमः।
2. ह्रीं शिरसे स्वाहा।
3. श्रीं शिखायै वषट्।
4. प्रत्यंङ्गिरे कवचाय हुं।
5. मम रक्षरक्षनेत्रत्रयाय वौषट्।
6. मम शत्रूणां भक्षभक्ष।
7. ॐ स्वाहा अस्त्रायफट् इति न्याससैर्देहं संनह्य।

यह नवयोनि न्यास है। इसके पश्चात् पुनः सडङ्ग न्यास करना चाहिए।

मूलाधारे मूलविद्यां विद्युत्कोटिसमप्रभाम्।
सूर्यकोटिप्रतीकांशां चंद्रकोटिप्रभां प्रिये।
बिसतंतुस्वरूपां तांबिंदुत्रिवलयां प्रिये।
ऊर्ध्वशक्तिनिपातेन सहजेन वरानने।
मूलशक्तिदृढत्वेन मध्यशक्तिप्रबोधवतः।
परमानन्दसंदोहमानंदं चिंतयेत्परम्।
इत्यंतर्यजनं कृत्वा पीठपूजां न्यासेन स्वदेहे कुर्यात्।

मूलाधारे आधारशक्तये नमः। प्रकृत्यै नमः। कमठाय नमः। शेषाय नमः। पृथिव्यै नमः। सुधांबुधसे नमः। मणिद्वीपाय नमः। चिंतामणिगृहाय नमः। रत्नवेदिकायै नमः। मणिपीठाय नमः। दिक्षु नानामुनिणेभ्यो नमः। नानादेवेभ्यो नमः। धर्माय नमः दक्षांसे। ज्ञानाय नमः वामांसे। वैराग्याय नमः वामोरौ। ऐश्वर्याय नमः दक्षोरौ। अधर्मा नमः दक्षुकुक्षौ। अज्ञानाय नमः दक्षपृष्ठे। अवैराग्याय नमः वामपृष्ठे। अनैश्वर्याय नमः वामकुक्षौ। शेषाय नमः। पद्माय नमः। प्रकृतिमयपत्रेभ्यो नमः। विकृतिमयरकेसरेभ्यो नमः। पंचाशद्बीजभूषितकर्णिकायै नमः। सूर्यमंडलाय नमः। सोमंडलाय नमः। सोममंडलाय नमः। वैश्वानरमंडलाय नमः। संसत्वायनमः। रंरजसेनमः। तंतमस नमः। आं आत्मने नमः। अंअंतरात्मने नमः। पंपरमात्मने नमः। ह्रींज्ञानात्मने नमः। पत्रेषु वामायै नमः। ज्येष्ठायै नमः। रौद्रये नमः। अंविकायै नमः। इच्छायै नमः। ज्ञानायै नमः। क्रियायै नमः। कुब्जिकायै

नमः। चित्रायै नमः। विषघ्निकायै नमः। द्रुतायै नमः। आनंदायै नमः। मध्ये मनोन्मन्यै नमः। ऐंपरायै नमः। अपरायै नमः। विरूपायै नमः। परापरायै नमः।

मूलाधार में स्थित मूलविद्यारूप अगणित विद्युत की कान्ति के समान स्वरूप वाली तथा करोड़ों सूर्य की आभा सदृश एवं गणित चन्द्रमा के सदृश कान्तियुक्त, कमलनाल के रेशे के सदृश कोमल एवं गौर वर्ण वाली सिवालियों से सुशोभित ऊर्ध्वशक्तिवर्धिनी शोभन मुखाकृति वाली मूलशक्ति सम्पन्न मध्यशक्ति को जाग्रत करने वाली अतिशय आनन्द से परिपूर्ण उस परमतत्व का ध्यान करता हूं। इस प्रकार आन्तरिक भजन करके न्यास के द्वारा अपनी शरीर में पीठ पूजा करें।

1. हसौं सदाशिवमहाप्रेतासानायै नमः।
2. ब्रह्माविष्णुरुद्रेश्वरसदाशिवमहाप्रेतमहापद्मासनाय नमः।
3. परमशिव पर्येकाय नमः।

इति पीठं न्यस्या। तत्रैव हृदये स्वाभेदेन श्रीप्रत्यंङ्गिरांध्यायेत्। ॐ ऊर्ध्वें कपालं डमरूं त्रिशूलं संबिभ्रतीबद्धकलावंतसम्। पिंगोर्ध्वकेशी सितभीमदंष्ट्राभूयाद्विभूत्यै मम भद्रकाली। **इति श्री प्रत्यंङ्गिरांध्यात्वा मानसोपचारैराध्य। मनसा यथाशक्ति जपहोमादिकं च कृत्वा कामकलां विचिंत्य तदुपरि श्री प्रत्यंङ्गिरां यथोक्तां ध्यायन् स्ववामभागे षट्कोणांतर्गतत्रिकोणद्वयबिदुं वा स्वतृत्तचतुरस्त्रं कृत्वा। स्वदक्षं त्रिकौणं वृत्तं बिंबमंडलं भूमौ विरच्य। तत्राधारशक्तिं प्रपूज्य तत्राधारं निक्षिप्य तदुपरि अमंत्रेण शोधितं हृन्मंत्रेण पूरितं पात्रे शंखादिकं वासंस्थाप्य तत्रगंगेत्यादितीर्थमावाह्य। तीर्थआवाहन गंधादीन्प्रणवेन निक्षिप्य हि्मसूर्यसोमकलाभिः संपूज्य धेनुमद्रां प्रदर्श्यस्वमंत्रेण संपूजयेदितिविधिविहितसामान्यार्घोदकेन स्ववामेकृतमभ्युक्ष्य। तत्राधारशक्तिभ्यो नम इत्यादि पीठपूजाक्रमेण संपूज्य नमः इत्याधारं प्रक्षाल्य मंडलोपरि संस्थाप्य। रं वहि्नमंडलाय दशकलात्मने नमः इति प्रपूज्य।**

कलशपूजा–फडिति कलशं प्रक्षाल्य। कारणेनाऽऽपूर्य। रक्तवस्त्रमाल्यादिना संभूष्य। मध्ये संस्थाप्य। अं अर्कमंडलाय द्वादकलात्मने नमः इति कलशं संपूज्य। ॐ चन्द्रमंडलाय षोडशकलात्मने नमः इति द्रव्ये च संपूज्य। फडिति संरक्ष्य हुमित्यवगुंठय मूलेन संवीक्ष्य। नमः इत्यभ्युक्ष्य मूलेन गंधमाघ्राय। कुंभे पुष्पं दत्त्वा। शापमोचनं कुर्यात्।

इस प्रकार पीठ का न्यास करके अपने हृदय में अभेदरूप से श्री प्रत्यंङ्गिरा का ध्यान करें। ॐ..................................भद्रकाली। इस प्रकार श्री प्रत्यंङ्गिरा का ध्यान

करके मन्त्रोपचार से उनकी आराधना करके मन से यथाशक्ति जप तथा हवन आदि करके कामकला का चिन्तन करके उस पर श्री प्रत्यंङ्गिरा का ध्यान करते हुए अपने वाम भाग में षट्कोणान्तर्गत त्रिकोण अथवा दो बिन्दुओं को बनाकर अपने को चारों ओर से घेरे में करके अपने दाहिने त्रिकोण वृत्त एवं बिम्बमण्डल को भूमि पर बनाकर वहां आधारशक्ति की विधिवत पूजा करके उस पर आधार का निक्षेप करें। उसे शोधित करके हृन्मन्त्र से पूर्ण करके पास में शंख आदि को स्थापित करें। पुनः गंगा च .... द्वारा सभी तीर्थों का आवाहन करके गन्ध अक्षत आदि को प्रणव (ॐ) के द्वारा निक्षेप करके बहिन सूर्य तथा चन्द्रकलाओं से पूजा करके धेनु मुद्रा को प्रदर्शित करके विधिवत पूजा करें तथा नियमानुसार सामान्य अर्ध्य देकर अपने वाम भाग पर छिड़ककर आधार शक्तियों नमः इत्यादि पीठ पूजा के क्रम से सभी की पूजा करके नमः इस तरह आधार को धोकर मण्डल के ऊपर रखकर रं ....नमः से पूजा करके फट् इस प्रकार कलश को प्रक्षालित करके जल आदि से पूर्ण करके रक्त वस्त्र माला आदि से भूषित करके मध्य में स्थापित करके ॐ अर्क..........नमः से कलश की पूजा करके हुम से गोंठकर मूल से देखकर नमः से मूल पर गन्ध को छिड़ककर एवं आघ्राण करके कलश में पुष्प डालें तथा शापमोचन मन्त्र पढ़ें।

एवमेव परब्रह्म स्थूलसूक्ष्ममयं ध्रुवम्।
कचोद्भवां ब्रह्महत्यां तेन ते नाशयाम्यहम्।।1।।

इसी तरह से वह परमब्रह्म स्थूलरूप सूक्ष्मरूप एवं ध्रुव है। अतः किसी भी तरह से की गई ब्रह्महत्या के कारण तुम्हारा विनाश करता हूं।

सूर्यमंडलसंभूते वरुणालयसंभवे।
अमाबीजमये देवि शुक्रशापाद्विमुच्यताम्।।2।।

सूर्यमण्डल में .... वरुणालय में उत्पन्न अमाबीज से युक्त हे देवि आप हमें शुक्रशाप से मुक्त करें।

वेदानां प्रणवोबीजं ब्रह्मानंदमयं यदि।
तेन सत्येन हे देवि ब्रह्महत्यां व्यपोहतु।।3।।

वेदों का मूल प्रणव है जो ब्रह्मानंद में परिपूर्ण है। अतः हे देवि यथार्थरूप से जाने अनजाने की गई ब्रह्महत्या के पाप से मुक्त करो। ऐसा तीन बार करके उनके बाद .... को भी तीन बार पढ़कर पूजा करके त्रिकोणवृत्त पर षट्कोण पात्र की रचना एक साथ तथा अलग अलग मन्त्रों से पूजा करके वरुणबीज तथा विलोममातृका का पाठ करते हुए त्रिकोण जल से उसे पूरित करके उसमें सुगंध आदि छिड़ककर मन्त्रों से पूजा करें।

इति त्रिः। ततः ॐ वांवींवूंवैंवौंवः। ब्रह्मशापमोचितासुरादेव्य नमः। इत्यपि त्रिः। ह्रींश्रींक्रांक्रींक्रूंक्रैंक्रौंक्रः सुराकृष्णशापं मोचय मोचय, अमृतं

स्त्रावय स्त्रावय स्वाहा इति त्रिः। हंसः शुचिषद्वसुरंतरिक्षस0 नृष0 द्वयोमसदब्जागोजाऋतजाअद्रिजाऋतम्। इत्यपि त्रिः पठित्वा। आनन्दभैरवं सुराभैरवीं च तत्रध्यात्वा। हसरक्षमलवय। ॐ आनन्दभैरवाय वौषट्। सहक्षमलवयहुं सुरादेव्यै वौषट्। इति देवदेव्यौ त्रिः संपूज्य द्रव्यमध्ये दक्षिणावर्तेन त्रिपंक्त्या अंनमः आंनमः इंनमः ईनमः उंनमः ऊंनमः ऋंनमः ॠंनमः लृंनमः ॡंनमः एंनमः ऐंनमः ओंनमः औंनमः अंनमः अःनमः कंनमः खंमनः गंनमः घंनमः ङंनमः चंनमः छंनमः जंनमः झंनमः ञंनमः टंनमः ठंनमः डंनमः ढंनमः णंनमः तंनमः थंनमः दंनमः धनमः नंनमः पंनमः फंनमः बंनमः भंनमः मंनमः यंनमः यंनमः रंनमः लंनमः वंनमः शंनमः षंनमः संनमः क्षंनमः।

इसी तरह के वह पर ब्रह्म स्थूल रूप सूक्ष्म कप एवं ध्रुव है। अतः किसी भी तरह की गयी ब्रह्म हत्या के कारण तुम्हारा विनाश करता है(1) सूर्यमंडल में जापयान वरूणालय में उत्पन्न आमाबीज से युक्त हे देवी। आप हमे शुक्रशाप से मुक्त करे।(2)

वेदों का मूल प्रठाव है जो ब्रह्मानंद से परिपूर्ण है अतः हे देवी! यथार्थ रूप से जाने अनजाने की गई ब्रह्म हत्या के पाप से मुक्त करे। ऐसा तीन बार करके उसके बाद............? तम् को तीन बार पढ़कर

इति शक्तिचक्रं विलिख्य। तन्मध्ये हंनमः क्षंनमः तत्समावेशाद्दव्यमध्येऽमृतं विचिंत्य धेनुमुद्रयाऽमृतीकृत्य वमिति सुधाबीजं मूलं पठन् घटं धृत्वात्मश्रीचक्रयोर्मध्ये त्रिकोणषट्कोणवृत्तचतुरस्त्रे विलिख्य।

यन्त्रपूजनम्

चतुरस्त्रे पूर्णगिरिपीठाय नमः उडीड़ीयानपीठाय नमः कामरूपपीठाय नमः जालंधरपीठाय नमः इति संपूज्य त्रिखण्डेन कोणग्रदक्षोत्तरं संपूज्य मध्ये आधारशक्तिं संपूज्य त्रिकोणगर्भे यंत्रिका संस्थाप्य नमः इति सामान्यजलेनाभ्युक्ष्य।

पं धूम्रार्चिषे नमः रं ऊष्मायै नमः लंज्वालिन्यै नमः व ज्वलिन्यै नमः शं विस्फुलिंगिन्यै नमः षं सुप्रियायै नमः संस्वरूपायै नमः हंकपिलायै नमः ळं हव्यवाहायै नमः क्षं कव्यवाहायै नमः इति संपूज्य मध्ये रंविह्नमंडलाय दशकलात्मने नमः इति संपूज्य षट्कोणे षडंगं च संपूज्य मध्ये मूलेन देवीं संपूज्य पात्रं फडिति प्रक्षाल्य यंत्रिकोपरि संस्थाप्य।

तत्रकंभं तपिन्यै नमः खंबं तापिन्यै नमः गंफं धूमायै नमः घंपं मरीच्यै नमः ङं नंज्वलिन्यै नमः चं धं रुच्यै नमः छंदं सुषुम्णायै नमः जंथं

भोगदायै नमः झंतंविश्वायै नमः ञंणंबोधिन्य नमः टंठं धारिण्यै नमः ठंडं क्षमायै नमः इति अं अर्कमंडलाय द्वादशकलात्मने नमः।

इति संपूज्य, त्रिकोणवृत्तषट्कोणपात्रं विलिख्य समस्तव्यस्तमंत्रेण संपूज्य वरुणबीजं विलोममातृकां च पठन् भूतने त्रिकोणजलेनापूर्य तत्र सुगंधादि निक्षिप्य।

अं अमृतायै नमः आंमानदायै नमः इंपूषायै नमः ईतुष्टयै नमः उं पुष्टयै नमः ॐ रत्यै नमः ऋधृत्यै नमः ॠशशिन्यै नमः लृं चंद्रिकायै नमः लॄं कांत्यै नमः एं ज्योत्स्नायै नमः ऐश्रियै नमः। ओं प्रीत्यै नमः। औं अंगदायै नमः अंपूर्णायै नमः अः पूर्णामृतायै नमः। इति षोडशकलात्मने सोममंडलाय नमः इति संपूज्य।

इस प्रकार शक्तिचक्र की रचना करके उसके मध्य में हं नमः क्षं नमः इसके साथ द्व्यपदार्थों में अमृत का ध्यान करके धेनुमुद्रा से अमृत रूप करके वम् में अमृतबीज मूल का पाठ करते हुए कलश को स्पर्श करके अपने और श्रीचक्र के मध्य त्रिकोण षट्कोण वृत बनाकर यन्त्र की पूजा करें .... नमः इस प्रकार से पूजा करके त्रिखण्ड से कोण के अग्रभाग में दाहिने उत्तर की ओर पूजा करके मध्य में आधारशक्ति की पूजा करें फिर त्रिकोण के मध्य यन्त्रिका की स्थापना करके नमः द्वारा सामान्य जल छिड़कर .... नमः से पूजा करें। तथा षट्कोण में सडङ्ग की पूजा करके मध्य में मूल देवी की पूजा करके पात्र को 'फट्' द्वारा धोकर यन्त्रिका के ऊपर स्थापित करके पूजा करके त्रिकोण वृत पर षट्कोण की रचना करके एक साथ तथा अलग-अलग मंत्रों से पूजा करके वरूणबीज तथा विलोममातृकां का पाठ करते हुए त्रिकोण जल से उसे पूरित करके उसमें सुगन्ध आदि छिड़क कर........मंत्रों से पूजा करे।

पूर्ववन्मंत्रद्रव्ये विलिख्य त्रिकोणत्रिरेखायां

अं आं इं ईं उं ऊं ऋं ॠं लृं लॄं एं ऐं ओं औं अं अः कंखंगंघंङंचंछंजंझंञंटंठंडंढंणंतंथंदंधंनंपंफंबंभंमंरंलंवंशंसं।

इति त्रिस्त्रिर्विलिख्य मूलखंडत्रयेण त्रिकोणं संपूज्य षट्कोणे षडंगं च संपूज्य गंगेत्यादितीर्थमावाह्य आनन्द भैरव भैरव्यौ स्वमंत्रेण संपूज्य पूर्वादितः। ग्लूं गगनरत्नेभ्यो नमः पूर्वे। श्लूंस्वर्गरत्नेभ्यो नमः दक्षिणे। प्लूं पातालरत्नेभ्यो नमः पश्चिमे। म्लूं मर्त्यरत्नेभ्यो नमः उत्तरे। न्लूं नागरत्नेभ्यो नमः मध्ये। इति संपूज्य।

मांसादि संशोध्य हुमित्यवंगुठय अमृतीकृत्य तालत्रयेण दिशः संबध्य तदुपरि सप्तधा मूलं संपूज्य तत्र देवीमावाह्य तालत्रयेण दिग्बंधं विधायावगुंठयामृतीकृत्य योनिं प्रदर्श्य हूसौं नमः संपूज्य शंखमुद्रां प्रदर्श्य षडंगेन संकलीकृत्य मत्स्यमुद्रया आच्छाद्य मूलं सुधाबीजं जप्त्वा पात्रं

देवीरूपं विभावयेदिति। ततो देव्याज्ञामादाय घटसमीपे चरुपात्रं ततः शक्तिपात्रं भोगपात्रं स्वपात्रं योगिनीपात्र वीरपात्रं बलिपाद्यार्ध्याचमनीयपात्राणि संस्थाप्य।

चर्वणयुतकारणेन तत्तन्मुद्रया श्रीपात्रात्समुद्धृत्य आनन्दभैरवं तर्प्ययामि नमः इति मंत्रेण त्रिः संतर्प्य ततः गुरुं श्रीमच्छीअमुकानन्दनाथ श्रीपादुकां तर्प्ययामि नमः इति त्रिः संतर्प्य परमगुरुश्रीअमुकानन्दनाथश्रीपादुकां तर्प्ययामि नमः इति त्रिः संतर्प्य परमाचार्यगुरुश्रीमच्छी अमुकानन्दनाथश्री पादुकां तर्प्ययामि नमः इति त्रिः संतर्प्य।

पहले की तरह मन्त्र से सम्बन्धित पदार्थों से यन्त्र की रचना करके त्रिकोणभिरेखा में .... तीन-तीन बार लिखकर मूल के तीन खण्डों से त्रिकोण की पूजा करके और षट्कोण में सडङ्ग की पूजा करके गंगा.................... आदि मन्त्र से तीर्थों का आवाहन करके आनन्द भैरव और भैरवी की अपने मन्त्र अच्छी तरह पूजा करें। .... नमः मध्ये से विधिवत् पूजा करके, मांस आदि का शोधन करके हुं से उसको छिपाकर अमृतरूप बनाकर तीन तालों से दिशाओं को बांधकर उस पर सात बार मूल की उपासना करके उसमें देवी का आवाहन करके तीन ताल से दिशाओं को बांधकर अब उसका अवगुणन करके उसे अमृततुल्य बनाकर योनिमुद्रा को प्रदर्शित करके हूं सौ नमः में पूजा करके शंखमुद्रा को प्रदर्शित करके सडङ्ग से बांध कर मत्स्यमुद्रा से उसे आच्छादित करके मूल का सुधाबीज से जप करके पात्र की देवी रूप में भावना करनी चाहिये। उसके बाद देवी की आज्ञा से कलश के समीप में चरुपात्र, शक्तिपात्र, भोगपात्र, स्वपात्र, योगिनीपात्र वीरपात्र बलि, पाद्यअर्ध्य आचमनीय आदि पात्रों को रखकर चर्वण युतकार के द्वारा उस मुद्रा को श्रीपात्र से निकालकर 'आनन्दभैरवं तर्पयामि नमः' इस मन्त्र में तीन बार तर्पित करके................

श्रीपात्रामृतेन मूलदेवी सायुधां सवाहनां सपरिवारां तर्प्ययामि नमः। इति संतर्प्येयेदिति कलशपूजाविधिः। चोपरि पीठोपरि पीठपूजां पूर्ववद्विधाय।

श्रीपात्रामृत में विद्यमान अमृत से आयुधा, वाहन तथा परिवार सहित मूलदेवी को तृप्त करती हूं। इस प्रकार अंतर्पण करें-यह कलश की पूजा विधि है।

प्रत्यंङ्गिरा का आहवान

अथ श्रीप्रत्यंङ्गिरांध्यात्वा वायुबीजेन वामनासापुटेन देवीस्वहृदयात्वुःसुमांजलिमानीय तत्रावाहा।

प्रत्यंङ्गिरा का आवाहन—इसके पश्चात् श्रीप्रत्यंङ्गिरा का ध्यान करके बीज से बायें नासाछिद्र से वायु बीज से देवी के लिए हृदय में कुसुमाञ्जलि लेकर उसमें उनका आहवान करें।

ॐ देवेशि भक्तितुलने परिवारसमन्विते यावत्त्वां पूजयिष्यामि तावद्देवि इहावह इति पठित्वा मूलं श्रीभैरवसहिते श्रीप्रत्यंङ्गिरे इहागच्छ गच्छ इह सन्निरुद्वय सन्निरुद्वय मम सर्वोपचारसहितां पूजांगृहूण इत्यावाहनादिमुद्राः प्रदर्श्य प्राणप्रतिष्ठां श्रीचक्रे लेलिहानमुद्रया विधाय दशदिग्वंधनं कृत्वाऽवगुंठय संकलीकृत्य परमीकृत्रू धेनु योनिं प्रदर्श्य।

वराभयपुस्तकाक्षमालाज्ञानांकुशपाशचापबाणकपालादिमुद्राः प्रदर्श्य श्रीपात्रामृतेन सायुधां सवाहनां सपरिवारां सावरणां श्रीभैरवसहितां श्रीप्रत्यंङ्गिरां तर्पयामीति त्रिः संतर्प्य पुनरपि मूलेन प्रत्यंङ्गिरा श्रीपादुकां तर्प्ययामि नमः इति त्रि संतर्प्य मूलमुच्चार्य एतत्पाद्यं श्रीभैरव सहितप्रत्यंङ्गिरायै नमः पाद्यम् एवमर्घ्य स्वाहा शिरसि आचमनीयं मधुपर्के च सुधामुखे स्नानाय नमः स्वांगे इति सुस्नाप्य।

हे भक्ति को समझने वाली परिवार युक्त देवेशि! जब तक मैं तुम्हारी पूजा करता हूं तब तक आप यहीं रहें इस प्रकार में आहवन करें। श्री भैरव सहित श्रीप्रत्यंङ्गिरा यहां उसाचित होकर, रूककर मेरी सर्वोपचार पूजा को ग्रहण करें। इस तरह से आवाहन आदि मुद्रा को प्रदर्शित करे तदन्तर प्राण प्रतिष्ठा हेतु श्रीचक्र में लेलिहान मुद्रा बनाकर दशों दिशाओं को बांधकर छिपाकर उन्हें एक करके धेनुयोनि मुद्रा प्रदर्शित करें तथा वर, अभय, पुस्तक अक्षमाला ज्ञान, अंकुश पाश चाप वाण कपाल आदि मुद्राओं को प्रदर्शित करके श्रीपात्र में रखे गये अमृत से सहित वाहन सहित सपरिवार सावरण श्रीभैरवसहित श्रीप्रत्यंङ्गिरादेवी का तर्पण करता हूं। एक तरह तीन बार तर्पण करके पुनः मूल से प्रत्यंङ्गिरा की श्रीपादुका को तर्पण करता हूं। इस तरह तीन बार तर्पण करके मूल का उच्चारण करके इस पाद्य को श्री भैरव सहित प्रत्यंङ्गिरा को नमस्कार इस तरह पाद्य अर्घ्य आचमनीय मधुपर्क तथा अमृत में सभी अंगों को निर्मल करें।

शुद्धदुकूलेनांगं प्रोच्छय विचित्रपटवस्त्रकुंकुमकस्तूरीचन्दनसिन्दूरमुकुट कुण्डलहानरनूपुरादिनानालंकारान्दत्वा पुनराचमनीयं दद्यात् ततो मध्यानामांगुष्ठाग्रैर्गंधो नमः इति गंधम् अंगुष्ठतर्ज्जनीभ्यां पुष्पाणि वौषट् इति पुष्पैः संपूज्य धूपपात्रं फडिति संपूज्य पुरतः स्थापयित्वा वामतर्ज्जनीं संस्पृशन् श्रीपात्रामृतेन धूपं निवेदयामि निवेद्य।

ॐ जगद्धनिमंत्रमातः स्वाहेति घंटां संपूज्य वामेन पाणिना तांवादयन् मध्यानामांगुष्ठैर्धूपं धृत्वा गायत्री मूलमंत्रं च पठन् वनस्पतिरसोत्पन्नो गंधाढ्यो गंधसंयुतः।

तदन्तर शुद्ध वस्त्र से शरीर को पोंछ कर अनेक प्रकार के वस्त्र कुंकुम कस्तूरी चन्दन, सिन्दूर, मुकुट, कुण्डल, हार, नुपूर आदि विविध अलंकारों से सज्जित करके पुनः आचमन प्रदान करें। उसके बाद मध्यमा और अंगुष्ठ के अग्रभाग से.... गन्ध प्रदान करें, अंगुष्ठ और तर्जनी से पुष्प से पूजा करें। धूपपात्र को 'फट' से पूजा करके सामने रखकर वामतर्जनी का स्पर्श करके श्री पात्र के अमृत से धूप निवेदयामि इस प्रकार निवेदन करके .... स्वाहा के द्वारा घण्टे की पूजा करके बायें हाथ से उसे बजाते हुए मध्यमा तथा अंगुष्ठ से धूप लेकर गायत्री तथा मूलमन्त्र का पाठ करें।

धूप-दीप निवेदनम्

आघ्रेयः सर्वदेवानां धूपोऽयं प्रतिगृह्यताम्। इति त्रेधोत्तोल्य देवीं धूपयेत्। ततो दीपंसंमुखे संस्थाप्य पूर्ववत्प्रोक्षणं पूजनं कृत्वा वाममध्यमया दीपपात्रं स्पृशन् दीपं निवेदयामीति निवेद्य, पूर्ववद्घटां वादयन् मध्यानामामध्ये दीपपात्रमंगुष्ठेन धृत्वा दर्शयन् गायत्रीं मूलं च पठन् सुप्रकाशो महादीपः सर्वत्रतिमिरापहः।

सबाह्याभ्यतरं ज्योतिर्दीपोऽयं प्रतिगृह्यताम् इति दीपयेत्। ततः स्वर्णादिपात्रे कुंकुमेन वा सुपात्र चन्द्ररूपं चरूं कृत्वा मध्ये दीपमेकष्टपत्रेषु दीपाष्टकं संस्थाप्य श्रींसौं ग्लू म्लूं स्लूं ब्लूं सौं श्रींरत्नेश्वर्यै नमः इति मूलेनाभ्यर्च्य स्थालकं मस्तकांतमुद्धृत्य नववारं मूलं पठित्वा। समस्तचक्रचक्रेशियुते देविनवात्मिके। आरार्तिकमिदं देवि गृहाण मम सिद्धये इति चक्रमुद्रया नीराजयेत्। ततो नानावैद्यंस्वर्णादिपात्रे निक्षिप्य हमित्यवंगुठ्य धेनुमुद्रयाऽमृतीकृत्य नैवेद्यपात्रं स्पृशन् मूलांते हेमपात्रगतं दिव्यं परमान्नं सुसंस्कृतम्। पंचधा षड्रसोपेतं गृहाण परमेश्वरि नैवेद्यंनिवेदयामीतिदक्षानामांगुष्ठाभ्यामुत्सृजेत् ततः पुनराचमनीयं दत्त्वा मूलादितो कर्प्पूरादियुक्तांबूलं निवेदयामीति पूर्ववद्दद्यात् सर्वेषामर्घ्यपात्रजलेनोत्सर्गः कार्यः ततस्तत्त्व मुद्रया देवीं त्रिः संतर्प्य पूर्वोक्तमुद्राः प्रदर्श्य योनिं हृदि क्षोभिणीं मुखे द्राविणीं भ्रूमध्ये

आकर्षणींललाटेयशिनीं ब्रह्मरंध्रे आल्हादिनी पंचमुद्रामयीं प्रदर्श्य कृतांजलिः।

धूप दीपनिवेदन—वनस्पतियों के रस से उत्पन्न गन्धयुक्त देवों के लिए स्वीकरणीय इस धूप को स्वीकार करें। इस प्रकार तीन बार उठाकर देवी को धूप दें। तदन्तर दीपक को सामने रखकर पहले की तरह प्रेक्षण एवं पूजन करके वाम हाथ की मध्यमा से दीपक का स्पर्श करते हुए 'दीप निवेदयामि' इस तरह निवेदन करके पहले की तरह घण्टे को बजाते हुए मध्यमा एवं अंगुष्ठ में दीपपात्र को पकड़कर गायत्री तथा मूलमन्त्र को पढ़ते हुए 'खुदकाशी' अर्थात् अत्यधिक प्रकाश वाले बाहरी-भीतरी समस्त अन्धकार को दूर करने वाले इस महाद्वीप के तेज को स्वीकार करें। इस प्रकार दीपदर्शन करायें। तदन्तर स्वर्ण आदि के पात्र में कुंकुम से चन्द्र रूप चरु बनाकर मध्य में एक दीपक को आठ दीपकों से परिवृत करके......................... मूल से पूजा करके स्थाली को माथे पर रखकर नौ बार मूल का पाठ करके।

आवरण व आयुध पूजन

श्रीप्रत्यंङ्गिराया आवरणपूजामारभेत्

तत्रादौ चतुरस्त्रपूर्वादितः इंद्रश्रीपादुकां पूजयामि नमः, आग्नेय्यां अग्निश्रीपादुकांपूजयामि नमः, दक्षिणे यम श्रीपादुकां पूजयामि नमः, नैर्ऋत्यां निर्ऋति श्रीपादुकां पूजयामि नमः, पश्चिमे वरुणश्रीपादुकां पूजयामि नमः, वायव्ये वायु श्रीपादुकां पूजयामि नमः, उत्तरे कुबेर श्रीपादुकां पूजयामि नमः, ईशान्ये ईशान श्रीपादुकां पूजयामि नमः, इंद्रेशानयोर्मध्ये ब्रह्म श्रीपादुकां पूजयामि नमः वरुणराक्षसयोर्मध्ये विष्णुश्रीपादुकां पूजयामि नमः (इति पूजयेत्तर्पयेच्च ततस्तत्समीपे)

आयुधपूजन

वज्र श्रीपादुकां पूजयामि तर्प्यंयामि नमः, शक्ति श्रीपादुकां पूजयामि तर्प्यंयामि नमः, दंड श्रीपादुकां पूजयामि तर्प्यंयामि नमः, खड्गं पूजयामि तर्प्यंयामि नमः, पाशश्रीपादुकां पूजयामि तर्प्यंयामि नमः, ध्वज श्रीपादुकां पूजयामि तर्प्यंयामि नमः, गदाश्रीपादुकां पूजयामि तर्प्यंयामि नमः, त्रिशूलश्रीपादुकां पूजयामि तर्प्यंयामि नमः, पद्म श्रीपादुकां पूजयामि तर्प्यंयामि नमः, चक्रश्रीपादुकां पूजयामि तर्प्यंयामि नमः (इति पूजयेत्तर्प्यंयेच्च) ततस्त्रिवृत्ते कौलानंदनाथ श्रीपादुकां पूजयामि तर्प्यंयामि नमः, परमगुरुश्रीपादुकां पूजयामि तर्पयामि नमः।

सर्वप्रथम चारों ओर पूर्व दिशा से..पूजा करें। उसके बाद उसके पास में ही रखे हुए अस्त्रों की पूजा करें।

परमाचार्यश्रीपादुकां पूजयामि तर्प्यंयामि नमः, परमेष्ठिश्रीपादुकां पूजयामि तर्प्यंयामि नमः, दिव्यौघश्रीपादुकां पूजयामि तर्प्यंयामि नमः, सिद्धौघश्रीपादुकां पूजयामि तर्प्यंयामि नमः, मानवौघश्रीपादुकां पूजयामि तर्प्यंयामि नमः, पुनः स्वगुरुश्रीपादुकां पूजयामि तर्प्यंयामि नमः, (इति पूजयेत्तर्प्यंयेच्च) ततोऽष्टदलेषु पूर्वादितः अंअसितांगभैरव श्रीपादुकां पूजंयामि तर्प्यंयामि नमः, आं ब्राह्मीश्री पादुकां पूजयामितर्प्यंयामि नमः, पूर्वे। इंरुरुभैरवा श्रीपादुकां पूजयामि तर्प्यंयामि नमः, ईमाहेश्वरी श्रीपादुकां पूजयामि तर्प्यंयामि नमः, आग्नेये। उं चंड भैरवश्रीपादुकां

पूजयामि तर्प्पयामि नमः, ऊंकौमारीश्रीपादुकां पूजयामि तर्प्पयामि नमः दक्षिणे। ॠंक्रोधभैरवश्रीपादुकां पूजयामि तर्प्पयामि नमः, ॠंवैष्णवीश्रीपादुकां पूजयामि नमः नैर्ऋते। लृं उन्मत्तभैरवश्रीपादुकां पूजयामि तर्प्पयामि नमः। लृंवाराही श्रीपादुकां पूजयामि तर्प्पयामि नमः, पश्चिमे। एं कपालिभैरवश्रीपादुकां पूजयामि तर्प्पयामि नमः ऐं माहेंद्रीश्रीपादुकां पूजयामि तर्प्पयामि नमः, वायव्य। ओंभीषणभैरवश्रीपादुकां पूजयामि तर्प्पयामि नमः।औं चामुण्डाश्रीपादुकां पूजयामि तर्प्पयामि नमः उत्तरे। अं संहारभैरव श्रीपादुकां पूजयामि नमः। अंः नारसिंहीश्रीपादुकां पूजयामि तर्प्पयामि नमः ईशान्ये। इति पूजयेत्तर्प्पयेच्च।

ततो ग्रंथिस्थानेषु पश्चिमादितः कामरूपपीठश्रीपादुकां पूजयामि तर्प्पयामि नमः। वायव्ये मलयगिरिपीठश्रीपादुकां पूजयामि तर्प्पयामि नमः। उत्तरे कोलगिरिपीठश्रीपादुकां पूजयामि तर्प्पयामि नमः। ईशान्ये कालांतकपीठश्रीपादुकां पूजयामि तर्प्पयामि नमः। पूर्वे चौहारपीठश्रीपादुकां तर्प्पयामि नमः। आग्नेये जालंधरपीठश्रीपादुकां पूजयामि तर्पयामि नमः। दक्षिणे उड्डीयानपीठश्रीपादुकां पूजयामि तर्प्पयामि नमः। नैर्ऋते देवकूटपीठश्रीपादुकां पूजयामि तर्प्पयामि नमः। इति पूजयत्तर्प्पयेच्च ततो वृत्तमण्डले पश्चिमादितः ऊर्ध्वमधश्च हेरुकभैरव श्रीपादुकां पूजयामि नमः। वायव्ये वेतालभैरवश्रीपादुकां पूजयामि तर्प्पयामि नमः। उत्तरे त्रिपुरांतकभैरवश्रीपादुकां पूजयामि तर्प्पयामि नमः। ईशान्ये अग्निजिह्वभैरवश्रीपादुकां पूजयामि तर्पयामि नमः। पूर्वे कालांतकभैरवश्रीपादुकां पूजयामि तर्प्पयामि नमः। आग्नेये कपालिभैरवश्रीपादुकां पूजयामि तर्पयामि नमः दक्षिणे एकपादभैरवश्रीपादुकां पूजयामि तर्पयामि नमः। नैर्ऋते भीमरूपभैरव श्रीपादुकां पूजयामि तर्पयामि नमः। ऊर्ध्वे मलयमभैरवश्रीपादुकां पूजयामि तर्पयामि नमः। अधः हाटकेश्वरभैरवश्रीपादुकां पूजयामि तर्पयामि नमः। इति पूजयेत्तर्पयेच्च। ततोऽष्टयोनिषु पूर्वादितः।

उसके पश्चात् ग्रन्थि स्थानों में पश्चिम से प्रारम्भ करके..................

ॐ ऐं ह्रीं श्रीं स्तंभिनीश्रीपादुकां पूजयामि तर्पयामि नमः। ॐऐंह्रींश्रींक्षोभिणीश्रीपादुकां पूजयामि नमः। ॐ ऐंह्रींश्रींद्राविणिश्रीपादुकां पूजयामि तर्पयामि नमः। ऊँ ऐंह्रींश्रींभ्रामणीश्रीपादुकां पूजयामि तर्पयामि नमः। ॐ ऐंह्रींश्रींरौद्रीश्रीपादुकां पूजयामि तर्पयामि नमः। ॐ ऐंह्रींश्रींसंहारिणी श्रीपादुकां पूजयामि तर्प्पयामि नमः।इति पूजयेत्तर्प्पयेच्च। तो ॐ ऐंह्रींश्रींआग्नेये हृदय श्रीपादुकां पूजयामि तर्पयामि नमः। ॐ ऐंह्रींश्रींईशाने शिरः श्रीपादुकां पूजयामि तर्प्पयामि नमः। ॐ ऐंह्रींश्रींनैर्ऋते

शिखाश्रीपादुकां पूजयामि तर्पयामि नमः। ॐ ऐंह्रींश्रींवायव्ये कवचश्रीपादुकां पूजयामि तर्पयामि नमः। ॐ ऐंह्रींश्रींमध्ये नेत्रश्रीपादुकां पूजयामि तर्पयामि नमः। ॐ ऐंह्रींश्रींदिक्षुअस्त्रश्रीपादुकां पूजयामि तर्पयामि नमः इति पूजयेत्तर्पयेच्च। ततस्त्रिकोणे। ॐ ऐंह्रींश्रींआग्नेये कालीश्रीपादुकां पूजयामि तर्पयामि नमः। ॐ ऐंह्रींश्रींईशाने भद्रकालीश्रीपादुकां पूजयामि तर्पयामि नमः ॐ ऐंह्रींश्रींआग्नेये नित्याकालीश्रीपादुकां पूजयामि तर्पयामि नमः इति पूजयेत्तर्पयेच्च। ततो विंदौमूलमुच्चार्य्य श्रीभैरवसहितां श्रीमच्छ्रीप्रत्यंङ्गिरापरावामपादुकां पूजयामि तर्पयामि नमः इति पूजयेत्तर्पयेच्च पुनश्चतुरस्त्रेपश्चिमे बांबटुकं पूजयामि नमः।

तदन्तर बिन्दु में मूल का उच्चारण करके...

उत्तरे यांयोगिनीभ्यो नमः पूर्वे क्षां क्षेत्रपालाय नमः दक्ष गं गणपतये नमः इति पूजयेत्तर्पयेच्च वायव्ये वसुधाभ्यो नमः इंशानद्वादशादित्येभ्योनमः आग्नेये एकादशरुद्रेभ्यो नमः नैर्ऋते सर्वेभ्यो भूतेभ्यो नमः इति पूजयेत्तर्पयेच्च इति संपूज्य ततो देवीसमीपेदक्ष हस्ते असिश्रीपादुकां पूजयामि तर्पयामि नमः चर्मश्रीपादुकां पूजयामि तर्पयामि नमः पुनरपि बिंदौ पूर्ववन्मूले देवीं संपूज्य संतर्प्य मुद्राः प्रदर्श्य पुष्यांजलित्रयेण संपूज्य नित्यहोममाचरेत् यथा अग्नौ जले वा च विलिख्य विभाव्य च।

हवन मन्त्र

प्राणाय स्वाहा व्यानाय स्वाहा उदानाय स्वाहा अपानाय स्वाहा समानाय स्वाहा इति हुत्वा षडंगाहुतीः कुर्यात्। ततः मूलेनास्य देव्यै हुत्वा स्वहृदि विसृज्य ईशाने मंडलं कृत्वा बांबटुकाय नमः। एह्योहि देवी पुत्र बटुकनाथ कपिल जटाभार भस्वरत्रिनेत्रज्वालामुख सर्वार्वहनान्नाशय सर्वोपचारसहितं बलिं गृहाणस्वाहा आग्नेय्यां योगिनीनीभ्यो नमः। ऊर्ध्वे ब्रह्मांडतो वा दिवि गगनतले भूतले निष्कले वा पाताल वा तले वा पवनसलिलयोर्यत्र कुत्र स्थिता वा।

पुनः बिन्दु में पहले की ही तरह मूल में देवी की अच्छी तरह से पूजा करके तर्पण करके मुद्रा प्रदर्शित करके तीन पुष्पान जलियों से पूजा करके नित्य होम का अनुष्ठान करे। अग्नि अथवा जल में चक्र की संरचना करके ब्रहमाण्ड से ऊपर दिव्य लोक आकाश पृथ्वी निष्कल अथवा पाताल में अथवा तल में अथवा वायु या जल में जहां कही भी विद्यमान हो।

क्षेत्रेपीठोपपीठादिषु च कृतपदा धूपदीपादिकेन प्रीता देव्यः सदा।
नः शुभबलिविधिना पातु वीरेन्द्रवंद्या।।1।।

क्षेत्र में पीठ अथवा उपपीठ आदि पर विद्यमान धूप दीप आदि के प्राप्त करन स प्रसन्न हुई श्रेष्ठ जनों मे वंदनीय भगवती हमारी सदा रक्षा करें।...

यांयोगिनीभ्योनमः स्वाहा सर्वयोगिनीह्रींफट्स्वाहा इति योगिनीबलिः। नैर्ऋते स्वाहा इति क्षेत्रपालअतिबलिसहितं बलि गृहण-गृहण स्वाहा इति क्षेत्रपालबलिः। वायव्ये गांगींगूंगणपतये। वरवरसर्वजन में वशमानय बलिं गृहाय-गृहाय स्वाहा इति गणपतिबलिः। इति बलिं विरचय्य छागादिबलिमपि दत्त्वा गुरुदेव्यौ ध्यायन् यथाशक्ति जपं विधाय पुनरपि प्राणायामऋष्यादिकरांगन्यासानंतर।

इस प्रकार बलि की संरचना करके बकरी आदि की बलि प्रदान करके देवी का ध्यान करते हुए यथाशक्ति जप करके पुनःप्राणायाम भव्यांदि कर न्यास अंग न्यास करके

गुह्यातिगुह्यगोप्त्री त्वं गृहाणास्मत्कृतं जपम्।
सिद्धिर्भवतु मे देवि त्वत्प्रसादान्महेश्वरि।

हे देवी! आप गुह्य से गुह्य स्थानों की रक्षा करने वाली हो इसलिए मेरे द्वारा किये गये इस जप को स्वीकार करो हे भगवती! आप की कृपा में मुझे सिद्धि प्राप्त हो।

इत्यनेनतेजोमयं जपफलं देवीवामहस्ते समर्प्य कवचनामसहस्त्रसतोत्रादि पठित्वाष्टांगं प्रणिपत्य प्रदक्षिणीकृत्य सामयिकैः सह मंडलवंदनं विधाय नंदंतु साधकाः सर्वे विनश्यंतु विदूषकाः।

इस तरह तेजोमय जप के फल को देवी के बायें हाथ में समर्पित करके कवच, सहस्रनाम स्तोत्र आदि का पाठ करके पूर्ण दण्डवत् करके प्रदक्षिणा करें। तदनन्तर सामाजिक के साथ समूह रूप में–'सभी भक्तगण प्रसन्न हो तथा दोष कारक तत्वों का नाश हो। मैं भगवती के रूप में लीन हो जाऊं तथा· गुरु सदा प्रसन्न हों। इस प्रकार से शान्ति पाठ करके ईशान कोण में निर्माल्य से.......पूजा करे।

अवस्था शांभवीमेऽस्तु प्रसन्नोऽस्तु गुरुः सदा। इत्यादिशांतिं पठित्वा ईशान्ये निर्माल्येन निर्माल्यवासिन्यै नमः इति संपूज्य ततः इति पूर्वे जाग्रत्सवप्नसुषुप्त्यवस्थासु मनसावाचा पद्भ्यामुदरेण शिश्नाप्राणदेह धर्मादिकारणतो युक्तं यत्कृतं तत्सर्वे मदीयं श्रीप्रत्यंङ्गिराचरणे समर्प्णमस्तु।

तत्पश्चात् सबसे पहले जाग्रत स्वप्न सुसुप्ति अवस्थाओं में मन वाणी पांव उदर शिश्न (लिङ्ग) प्राण शरीर से धर्मादिकारण को ध्यान में रखकर जो कुछ भी युक्ति युक्त हुआ हो मेरे द्वारा किया गया वह सब श्री प्रत्यंङ्गिरा देवी के चरणों में समर्पित है।

ॐ तत्सत् इति समर्प्य सुखं विहरेदिति शिवं भद्रम्। इति श्रीरुदयामले तंत्रे उमामहेश्वरसंवादे पंचांगखण्डे प्रत्यंङ्गिरापद्धतिः समाप्ता।

ॐ तत्सत् इस तरह सब कुछ समर्पित करके सुख पूर्वक विसर्जन करें शुभ हो।

इस प्रकार श्री रुदयामले तन्त्रे उमा महेश्वर संवाद में पंचांग खण्ड में प्रत्यंङ्गिरा पद्धति पूर्ण हुई।

प्रत्यंङ्गिरा कवच

देव्युवाच

भगवन् सर्वधर्मज्ञ सर्वशास्त्रार्थपारग।
देव्याः प्रत्यंङ्गिरायाश्च कवचं यत्प्रकाशित॥1॥

देवी ने कहा-हे सभी धर्मों को जानने वाले, सभी शास्त्रों के पारगामी भगवन्! जो आपने प्रत्यंङ्गिरा देवी के कवच को प्रकाशित किया है।।1।।

सर्वार्थसाधनं नाम कथयस्व मयि प्रभो।

भैरव उवाच

श्रुणु देवि प्रवक्ष्यामि कवचं परमाद्भुतम्॥2॥

जो सभी प्रकार के प्रयोजनों की सिद्धि करने वाला है। हे प्रभो! उसे आप मुझसे कहें।।2।।

सर्वार्थसाधनं नाम त्रैलोक्ये चातिदुर्लभम्।
सर्वसिद्धिमयं देवि सर्वेश्वर्यप्रदायकम्॥3॥

भैरव बोले-हे देवी! मैं अति अलौकिक कवच का वर्णन कर रहा हूँ। उसे तुम सुनो। यह कवच सभी प्रकार के प्रयोजनों का साधक है तथा तीनों ही लोकों में अतिदुर्लभ है। हे देवी! यह सभी प्रकार की सिद्धियों से युक्त है तथा समस्त ऐश्वर्य को प्रदान करने वाला है।।3।।

पठनाच्छ्रवणान्मर्त्यः त्रैलोक्यैश्वभाग्भवेत्।
सर्वार्थसाधकस्यास्य कवचस्य ऋषिः शिवः॥4॥

इस कवच का पठन तथा श्रवण करने से मनुष्य तीनों लोकों के ऐश्वर्य से सम्पन्न हो जाता है। सभी प्रकार के प्रयोजनों की सिद्धि करने वाले इस कवच के 'शिव' ऋषि है।।4।।

छंदोविराट्परा शक्तिर्जगद्धात्री च देवता।
धर्मार्थकाममोक्षेषु विनियोगः प्रकीर्त्तितः॥5॥

विराट् छन्द है परा शक्ति जगद्धात्री देवता हैं इसका धर्म अर्थ, काम तथा मोक्ष में बिकी प्राप्ति हेतु विनियोग किया जाता है।।5।।

प्रणवं मे शिरः पातु वाग्भवं च ललाटकम्।
ह्रीं पातु दक्षनेत्रं मे लक्ष्मीर्वामं सुरेश्वरी॥6॥

इस कवच का प्रवण मेरें शिर की रक्षा करें, वाग्भव ललाट की रक्षा करे। ह्री मेरे दाहिने नेत्र की तथा सुरेश्वरी लक्ष्मी बायें नेत्र की रक्षा करें॥6॥

प्रत्यंङ्गिरा दक्षकर्णे वामे कामेश्वरी तथा।
लक्ष्मी प्राणं सदा पातु बंधनं पातु केशवः॥7॥

प्रत्यंङ्गिरा दाहिने कान की, कामेश्वरी बायें कान की, लक्ष्मी मेरे प्राण की तथा बन्धन स्थल की केशव रक्षा करें॥7॥

गौरी तु रसनां पातु, कंठं पातु महेश्वरः।
स्कंधदेशं रतिः पातु, भुजौ तु मकरध्वजः॥8॥

गौरी जिह्वा की रक्षा करें, महेश्वरी कण्ठ की रक्षा करें, रति स्कन्ध भाग की तथा मकरध्वज अर्थात् कामदेव दोनों भुजाओं की रक्षा करें॥8॥

शंखं निधिकरः पातु वक्षः पद्मनिधिस्तथा।
ब्राह्मी मध्यं सदा पातु, नाभिं पातु महेश्वरी॥9॥

निधिकर शंख अथर्ति कण्ठ की रक्षा करें, पद्मनिधि वक्षस्थल की रक्षा करें, ब्रह्मी मध्य भाग की रक्षा करें तथा महेश्वरी नाभि की रक्षा करें॥9॥

कौमारी पृष्ठदेशं तु, गुह्यं रक्षतु वैष्णवी।
वाराही च कटि पातु, चैंद्री पातु पदद्वयम्॥10॥

कौमारी पृष्ठभाग की, वैष्णवी गुह्या अथर्ति गोपनीय अंगों की, वाराही कटि प्रदेश की तथा ऐन्द्री दोनों पावों की रक्षा करें॥10॥

भार्यां रक्षतु चामुण्डा, लक्ष्मी रक्षतु पुत्रकान्।
इंद्रः पूर्वे सदा पातु, आग्नेय्यामग्निदेवता॥11॥

चामुण्डा पत्नी की रक्षा करें, लक्ष्मी पुत्रों की रक्षा करें, इन्द्र शरीर के पूर्व दिशा की रक्षा करे तथा अग्निदेवता आग्नेय दिशा की रक्षा करें॥11॥

याम्ये यमः सदा पातु, नैर्ऋत्यां निर्ऋतिस्तथा।
पश्चिमे वरूणः पातु, वायव्यां वायुदेवता॥12॥

यम देव याम्य दिग्भाग की तथा निर्ऋति नैर्ऋत्य भाग की, वरुण पश्चिम दिग्भाग की तथा वायुदेवता वायव्य दिक्कोण की रक्षा करें॥12॥

सौम्यां सोमः सदा पातु चैशान्यामीश्वरो विभुः।
ऊर्ध्वे प्रजापतिः पातु ह्यधश्चानंत देवता॥13॥

सोम अर्थात् चन्द्र देव सदा सौभ्य दिशा की रक्षा करें, व्यापक रूप से विद्यमान ईश्वर ऐशान भाग की रक्षा करें॥13॥

राजद्वारे श्मशाने च अरण्ये प्रांतरे तथा।
जले स्थले चांतरिक्षे, शत्रूणां निवहे तथा।।14।।

राजद्वार, श्मशान अरण्य, वीराज, जल, थल, अन्तरिक्ष तथा शत्रुसमूह के मध्य।।14।।

एताभिः सहिता देवी चतुर्बीजा महेश्वरी।
प्रत्यंङ्गिरा महाशक्तिः सर्वत्र मां सदावतु।।15।।

इन सब के साथ चतुर्बीजा महेश्वरी महाशक्ति प्रत्यंङ्गिरा सर्वत्र तथा सदा मेरी रक्षा करें।।15।।

इति ते कथितं देवि, सारात्सारं परात्परम्।
सर्वार्थसाधनं नाम कवचं परमाद्‌भुतम्।।16।।

हे देवी यह मैनें तुमसे निचोड़ का भी निचोड़ परात्पर, सभी प्रयोजनों की सिद्धि करने वाले अति अद्‌भुत कवच के बारे में कहा।।16।।

अस्यापि पठनात्सद्यः कुबेरोऽपि धनेश्वरः।
इंद्रद्याः सकला देवाधारणात्पठनाद्यतः।।17।।

इस कवच का पाठ तथा धारण करने से धनेश्वर कुबेर, इन्द्र आदि सभी देवगण।।17।।

सर्वसिद्धीश्वराः संतः सर्वेश्वर्यमवाप्तुयुः।
पुष्पांजल्यष्टकं दत्त्वा मूलेनैव सकृत्पठेत्।।18।।

सभी प्रकार की सिद्धियों के स्वामी होकर समस्त ऐश्वर्य को प्राप्त करो। आठ बार पुष्पांञ्जलि देकर मूल में इसका पाठ करना चाहिये।।18।।

संवत्सराकृतायास्तु पूजायाः फलमाप्नुयात्।
प्रीतिमन्योन्तः कृत्वाकमला निश्चला गृहे।।19।।

एक वर्ण पर्यन्त पाठ करने पर उपासना का पूर्ण फल मिलता है तथा लक्ष्मी प्रसन्न होकर सदा सर्वदा के लिए घर में वास करती हैं।।19।।

वाणी च निवसेद्वक्त्रे सत्यं सत्यं न संशयः।
यो धारयति पुण्यात्मासर्वार्थसाधनाभिधम्।।20।।

वाणी में सरस्वती का वास हो जाता है इसमें किसी प्रकार का सन्देह नहीं है। जो पुण्यात्मा इसे हृदय में धारण करता है वह सभी प्रकार के प्रयोजनों की सिद्धि कर लेता है।।20।।

कवचं परमं पुण्यं सोऽपि पुण्यवतां वरः।
सर्वैश्वर्ययुतो भूत्वा त्रैलोक्यविजयी भवेत्।।21।।

यह कवच अत्यधिक प्रण्य है तथा प्रत्यशीलों में श्रेष्ठ है अतः कवच को धारण करने वाला मनुष्य सभी ऐश्वर्य से सम्पन्न होकर तीनों लोकों पर विजय प्राप्त कर लेता है।।21।।

पुरुषो दक्षिणे बाहौ नारी वामभुजे तथा।

बहुपुत्रवती भूत्वा धन्यापि लभते सुतम्।।22।।

जो पुरुष इस कवच को दाहिनी भुजा में तथा स्त्री बाये भुजा में धारण करते हैं वे अत्यधिक सन्तति सम्पन्न होकर योग्य पुत्र को प्राप्त करते हैं।।22।।

ब्रह्मास्त्रादीनि शस्त्राणि नैवकृन्तन्तितत्तनुम्।

एतत्कवचमज्ञात्वा यो जपेत्परमेश्वरीं।।23।।

ब्रह्मास्त्र जैसे शास्त्र भी उपरी शरीर पर अपना प्रभाव नहीं डाल सकते हैं किन्तु इस कवच को जाने बिना जो परमेश्वरी प्रत्यंङ्गिरा का जप करता हैं।।23।।

दारिद्रयं परमं प्राप्य सोऽचिरान्मृत्युमाप्नुयात्।

वह दरिद्र होकर शीघ्र ही मृत्यु को प्राप्त हो जाता है।

इति श्रीरुद्रयामले तंत्रे

पंचांगखंडे प्रत्यंङ्गिरायाः सर्वार्थसाधनं नाम कवचं समाप्तम्।।

इस प्रकार रुद्रयामलतन्त्र में पञ्चाङ्गखण्ड में प्रत्यंङ्गिरा देवी का सर्वार्थ साधन नामक कवच समाप्त हुआ।

प्रत्यंङ्गिरा सहस्त्रनाम स्तोत्रम्

ईश्वर उवाच

श्रृणु देवि प्रवक्ष्यामि सांप्रतं त्वत्पुरःसरम्।
सहस्त्रनामपरमं प्रत्यंङ्गिरायाः सिद्धये।।1।।

ईश्वर बोले—हे देवी! अब मैं प्रत्यंङ्गिरा देवी की सिद्धि के लिए तुमसे श्रेष्ठ सहस्त्रनाम के सम्बन्ध में कह रहा हूँ।।1।।

सहस्त्रनामपाठे यः सर्वत्र विजयी भवेत्।
पराभवो न चास्यास्ति सभायां वासने रणे।।2।।

इस सहस्त्रनाम का पाठ करने पर व्यक्ति हर जगह विजयश्री का वरण करता है सभा तथा संग्राम स्थल आदि कहीं भी वह पराजय को नहीं प्राप्त करता है।।2।।

तथा तुष्टा भवेद्देवी प्रत्यंङ्गिरास्य पाठतः।
यथा भवति देवेशि साधकः शिव एव हि।।3।।

इस सहस्रनाम के पाठ से प्रत्यंङ्गिरा देवी अत्यधिक प्रसन्न हो जाती हैं। हे देवेशि! वह साधक तो शिव रूप ही हो जाता है।।3।।

अश्वमेध सहस्त्राणि वाजपेयस्य कोटयः।
सकृत्पाठेन जायंते प्रसन्ना यत्परा भवेत्।।4।।

हजारों अश्वमेध, करोड़ों वाजपेय यज्ञ करने से भी जो फल नहीं मिलता है। वह फल इस सहस्रनाम का एक बार पाठ करने से ही प्राप्त हो जाता है। भगवती प्रत्यंङ्गिरा अत्यधिक प्रसन्न हो जाती है।।4।।

भैरवोऽस्य ऋषिश्छंदोऽनुष्टुप्देवी समीरिता।
प्रत्यंङ्गिराविनियोगः स्यात्सर्वसंपत्तिहेतवे।।5।।

इस सहस्रनाम के ऋषि भैरव, अनुष्टप् छन्द, प्रत्यंङ्गिरा देवी तथा समस्त धनधान्य की प्राप्ति हेतु इसका विनियोग किया जाता है।।5।।

सर्वकार्येषु संसिद्धिः सर्वसंपत्तिदा भवेत्।
एवं ध्यात्वा पठेद्देवीं यदीच्छेदात्मनो हितम्।।6।।

जो साधक अपने हित की कामना से इस तरह से ध्यान पूर्वक इस श्लोक का पाठ करता है वह सभी कार्यो में सिद्धि को प्राप्त करता है तथा समस्त सम्पत्तियों को प्राप्त करता है।।6।।

अथ ध्यानम्

आशांबरा मुक्तकचा घनच्छविर्ध्ये या सचर्मासिकरा विभूषणा।
दंष्ट्रोग्रवक्त्रा ग्रसिताहिता त्वया प्रत्यंङ्गिरा शंकरतेजसेरिता।

ध्यान–दिशा रूपी वस्त्रों वाली खुले हुए रेशों वाली, मेघ के समान शान्ति वाली हाथ में कृपाण आदि से विभूषित बड़े-बड़े दाढ़ो से युक्त मुख वाली शंकर से तेज मे सम्पन्न प्रत्यंङ्गिरा देवी का ध्यान करता हूं।

इस प्रत्यंङ्गिरा महामन्त्र के भैरव ऋषि: अनुष्टुप् छंद:। श्रीप्रत्यंङ्गिरा देवता ह्रींबीजं श्रीं शक्ति स्वाहा विद्या की सिद्धि के लिए जप-पाठ में विनियोग।

ॐ देवी [1]प्रत्यंङ्गिरा सेव्या शिरसा [2]शशिशेखरा।
[3]सममासा [4]धर्मिणी च [5]समस्तसुरशीमुखी।।7।।

शिर पर चन्द्रमा को धारण किये हुए शिव से युक्त
प्रत्यंङ्गिरा देवी सेवनीय है, सभी देवियों में अग्रगव्य।।7।।

[6]सर्वसंपत्तिजनी [7]समधासिंधु[8]सेविनी।
[9]शुंभसीमंतिनी[10] सोमाराध्या च[11] वसुधा [12]रसा।।8।।

सभी सम्पत्तियों की प्रदात्री सिन्धु सेपिनी शिव की अर्धांगिनीण सोमरुपा वसुधा तथा रसा रुपा।।8।।

[13]रसा [14]रसवती [15]वेला [16]वन्या च [17]वनमालिनी।
[18]वनजाक्षी [19]वनचरी [20]वनीमनविनोदिनी[21]।।9।।

रस! रसवती, वेला, वन्या, वनमालिनी, वनजाक्षी, वनचरी वनविनोदिनी।।9।।

[22]वेगिनी [23]वेगदा [24]वेगबला[25]स्थानबलाधिका।
[26]कला [27]कलप्रिया [28]कौलिकोमला[30] कालकामिनी।।10।।

वेगिनी वेगदा, वेगवला, स्थानबलाधिका, कला, कलप्रिया कौली कोमला, कालमायिनी।।10।।

[31]कमला [32]कमलाकस्या च [33]मलस्याकमलावती[34]।
[35]कुलीना [36]कुटिला [37]कांता [38]कोकिलाकुलभाषिणी[39]।।11।।

कमला, कमलाकस्या, (कमलवत मुखवाली) मलस्या, कमलावती, कुलीना कुटिला, कान्ता, कोकिला, कुलभाषिणी।।11।।

[40]कीरकेलि:[41]कला [42]काली [43]कपालिन्यपि कालिका।
[44]केशिनी च [45]कुशावर्त्ता, [46]कौशांबी [47]केशवप्रिया।।12।।

कीरकेलि:कला, काली, कपालिनी, केशिनी, कुशावर्ता, कौशाम्बी, केशवप्रिया।।12।।

[48]काशी [49]काशापहाकांशी[50] [51]शंकाशाकशदायिनी[52]।
[53]कुंडलीकुंडलीस्था[54] च [55]कुंडलांगदमंडिता।।13।।

काशी, काशापहा, कांशी, शंकाशा, केशदायिनी, कुण्डली, कुण्डलीस्था, कुण्डलांगदमण्डिता।।13।।

[56]कुशापशी [57]कुमुदिनी [58]कुमुदप्रीतिवर्धिनी।
[59]कुंदप्रिया [60]कुंदरुचिः [61]कुरंगमदमादिनी।।14।।

कुशापशी, कुमुदिनी, कुमुदप्रीतिवर्धिनी कुन्दप्रिया, कुन्दरुचि, कुरंगमदमादिनी।।14।।

[62]कुरंगनयना [63]कुंदा [64]कुरुवृंदाभिनंदिनी।
[65]कुसुंभकुसुमा [66]किंचित्क्वणत्किंकिणिकाकटुः[67]।।15।।

कुरंगनयना, कुंदा कुरुवृन्दाभिनन्दिनी, कुसुम्भकुसुमा किंकिणिकाकटु।।15।।

[68]कठोरा [69]करणा [70]कंठा [71]कौमुदी [72]कंबुकण्ठिनी।
[73]कपर्दिनी [74]कपटिनी [75]कठिनी [76]कालकंठिका।।16।।

कठोरा, करणा, कण्ठा, कौमुदी, कम्बुकण्ठिनी, कपर्दिनी, कपटिनी, कठिनी, कालकण्ठिका।।16।।

[77]किबृहस्ता [78]कुमारी च [79]कुरुंदा [80]कुसुमप्रिया।
[81]कुंजरस्था [82]कुंजरताकुंभि[83]कुंभस्तनद्वया[84]।।17।।

किबृहस्ता, कुमारी, कुरुंदा, कुसुमप्रिया, कुंजरस्था, कुंजरता, कुम्भि, कुम्भस्तनी।।17।।

[85]कुंभिगा [86]करभोरुश्च[87]कदलीदलशालिनी।
[88]कुपिता [89]कोठरस्था च कंकाली[90] [91]कंदशेदरा।।18।।

कुम्भिगा, करभोरु कदली दलशालिनी, कुपिता, कोठरस्था कंकाली कन्दशेदरा।।18।।

[92]एकांतवासिनी [93]किंचित्कंपमानशिरोरुहा।
[94]कादंबरी [95]कदंबस्था [96]कुंकुमी [97]प्रेमधारिणी।।19।।

एकान्तवासिनी, कम्पमानशिरोरुहा, कादम्बरी, कदम्बस्था, कुंकुमी, प्रेमधारिणी।।19।।

[98]कुटुंबिनी [99]प्रियायुक्ता [100]क्रतुः [101]क्रतुकरी [102]क्रिया।
[103]कात्यायनी [104]कृत्तिका च [105]कार्त्तिकेयप्रवर्त्तिनी।।20।।

कुटुम्बिनी, प्रियायुक्ता, क्रतु, क्रतुकरी क्रिया, कात्यायनी, कृत्तिका, कार्त्तिकेयप्रवर्त्तिनी।।20।।

[106]कामपत्नी [107]कामधात्री, [108]कामेशी [109]कामवंदिता।
[110]कामरूपा [111]कामगतिः [112]कामाक्षी [113]काममोहिता।।21।।

कामपत्नी, कामधात्री, कामेशी, कामवंदिता, कामरूपा, कामगति, कामाक्षी, काममोहिता।।21।।

[114]खंड्गिनी [115]खचरी, [116]खंजा [117]खंजरीटेक्षणा [118]खला।
[119]खरगा [120]खरनासा च, [121]खरास्या [122]खेलनप्रिया।।22।।

खंड्गिनी, खचरी, खंजा, खंजरीटेक्षणा, खला, खरगा, खरनासा, खरास्या, खेलनप्रिया।।22।।

[123]खरांशुः [124]खेटिनी [125]खट्वा, [126]खरखट्वांगधारिणी।
[127]खलखंडिनिविख्यातिः [128]खडिताखंडवी[129] [130]स्थिरा।।23।।

खरांशु, खेटिनी, खट्वा, खरखट्वांगधारिणी खलखंडिनी, खंडिता, खंडवी, स्थिरा।।23।।.

[131]खंडप्रिया [132]खंडखाद्या [133]सेंदुखंड च [134]खंजनी।
[135]गंगा [136]गोदावरी [137]गौरी, [138]गोमत्यापि च [139]गौतमी।।24।।

खंडखाद्या, निन्दुखण्ड खंजनी गंगा, गोदावरी, गौरी, गोमत्यापि, गौतमी।।24।।

[140]गयागौ[141]गजीगगना[142] [143]गारुडी [145]गरुडध्वजा।
[145]गीता [146]गीताप्रिया [147]गौत्र, [148]गोत्रक्षयकरी [149]गदी।।25।।

गयागौ, गजीगगना, गारुडी गरुडध्वजा, गीता गीताप्रिया, गौत्र, गोत्रक्षयकरी गदा।।25।।

[150]गिरिभूपालदुहिता [151]गोगा [152]गोकुलवर्धिनी।
[153]घनस्तनी [154]घनरुचि[155]र्घनारुर्घननिः[156] स्वना।।26।।

गिरिभूपाल दुहिता गोगा, गोकुलवर्धिनी, घनस्तनी, घनरुचि, घनोरु, घननिःस्वना।।26।।

[157]घूत्करी [158]घुघूकपरिवारिता।
[159]घंटानादप्रिया [160]घंटा, घना [161]घोटप्रवाहिनी।।27।।

घूत्करी, घुघूकपरिवारिता, घंटानादप्रिया, घंटाघनाघोटप्रवाहिनी।।27।।

[162]घोररूपा च [163]घोरा च [164]घूनीप्रीतिर्घनांजनी[165]।
[166]घृताची [167]घनमुष्टिश्च [168]घटाघंटा[169]घटामृता।।28।।

घोररूपा, घोरा, घूनीप्रीति, घनांजनी, घृताची, घनमुष्टि, घटाध घंटा, घटामृता।।28।।

[170]घटास्या [171]घटनाद्यैश्च [172]घातपातनिवारिणी।
[173]चंचरीका [174]चकोरी च [175]चामुंडा [176]चीरधारिणी।।29।।

घटास्या घटनादा, घातपातनिवारिणी, चंचरीका, चकोरी, चामुण्डा, चीरधारिणी।।29।।

[177]चातुरी [178]चपला [179]चारुश, [180]चला [181]चेलाचलाचला[182]।
[183]चतुश्चिरंतना [184]चाकाचियाचामीकरच्छविः[185] ।।30।।

चातुरी, चपला, चारुशा, चला, चेलाचला, अचला, चतुश्चिरन्तना, चाकाचिया, चामीकरच्छवि।।30।।

[186]चापिनी [187]चपला [188]चंपू:, श्चितिता[189]चिंतामणि[190]श्चिता[191]।

[192]चातुर्वर्ण्यमयी [193]चंचच्चौरा [194]चापचमत्कृति:।।31।।

चापिनी चपला चम्पू: चितिता, चिन्तामणि, चिता, चातुर्वर्ण्यमयी, चंचच्चौरा, चापचमत्कृति।।31।।

[195]चक्रवर्तिवधूश्चक्रा[196] [197]चक्रांगा [198]चक्रमोदिनी।

[199]चेतश्चरी [200]चित्तवृति [201]रचेता [202]चेतनप्रदा।।32।।

चक्रवर्तिवधू, चक्रा, चक्रांगा, चक्रमोदिनी, चेतश्चरी, चित्तवृत्ति, अचेता, चेतनप्रदा।।32।।

[203]चपिर्याचंपक[204]प्रीति:, [205]चण्डी [206]चंडालवासिनी।

[207]चिरंजीवितदा[208]चित्ता [209]तरुमूलनिवासिनी।।33।।

चपिर्या, चम्पकप्रीति, चण्डी, चण्डालवासिनी, चिरंजीवितदाचित्ता, तरुमूलनिवासिनी।।33।।

[210]छरिका[211]छत्रमध्यस्था [212]छिद्रा[213]छेदकरी छिदा[214]।

[215]छुच्छुंदरी [216]पलप्राति[217]छुदरी [218]भनिभस्वना।।34।।

छरिका, छत्रमध्यस्था, छिद्रा, छेदकरी, छिदा, छुच्छुन्दरी पलप्रान्ति, छुन्दरीभ, निभस्वना।।34।।

[219]छलिनी [220]छलवच्छिन्ना [221]छिटिका [222]छेककृत्तथा।

[223]छद्मिनी [224]छांदसी [225]छाया, [226]छायाकृच्छ्रादिरित्यपि।।35।।

छलिनी, छलवच्छिन्ना, छिटिका, छेककृत्तथा, छद्मिनी, छांदसी, छाया, छायाकृच्छ्रादि।।35।।

[227]जया च [228]जयदा [229]जाति, [230]जृंभिनी [231]जामलायुता।

[232]जया [233]पुष्पप्रिया [234]जाया, [235]जाप्य[236]जाप्यजगज्जनि:[237]।।36।।

जया, जयदा, जाति, जृंभिनी, जामलायुता, जया, पुष्पप्रिया, जाया, जाप्प, अजापि जगज्जनि।।36।।

[238]जंबूप्रिया [239]जयथा च, [240]जंगमा [241]जंगमप्रिया।

[242]जंतुजंतुप्रधाना च, [243]जरत्कर्णा [244]जरद्गवा।।37।।

जंबूप्रिया जयथा, जंगमा जंगमप्रिया, जंतुप्रधाना, जरत्कर्णा जगद्गवा।।37।।

जाताप्रिया[245] [246]जीतनस्था [247]जीमूतसद्दशच्छवि:।

[248]जन्याजनहिता [249]जाया [250]जंभजंभि[251]शालिनी।।38।।

जाताप्रिया, जीतनस्था, जीमूतसद्दशच्छवि, जन्या, जनहिता, जाया, जम्भ जंभिशालिनी।।38।।

[252]जवदा [253]जववद्वाहां, [254]जमानीज्वरहा [255]ज्वरी।

[256]झंझा [257]नीलमयी [258]झझा, [259]णत्कारकराचला।।39।।

जवदा, जववद्वाहां, जमानी, ज्वरहा, ज्वरी, झंझा, नीलमयी, झझा, णत्कारकरा, अचला।।39।।

[260]झिंटीशा [261]झस्यकृत् [262]झपाय, [263]मन्नासनिवारिणी।

[264]टंकारस्था [265]टंकधरा, [266]टंकाराकार [267]णाटसी।।40।।

झिंटीशा झस्यकृत्, झम्पा, यमासनिवारिणी, टंकारस्था टंकधरा, टंकारा, कारणाटसी।।40।।

[268]ठकुराठीत [269]कृतिश्चैव [270]ठिंठीरवसनावृता।

[271]ठंठा [272]नीलमयी [273]ठठा, [274]ठणत्कारकराठसा।।41।।

ठकुरा, ठीत्कृति, ठिंठोरवसना, ठंठा, नीलमयी ठठा, ठणत्कारकारा, ठसा।।41।।

[275]डाकिनी [276]डामरा चैव [277]डिंडिमध्वनिनादिनी।

[278]ढक्काप्रियस्वना [279]ढक्का, तपिनी [280]तापिनी तथा।।42।।

डाकिनी, डामरा, डिंडिमध्वनिनादिनी ढक्काप्रियस्वना, ढक्का, तापिनी।।42।।

[281]तरुणी [282]तुंदिला [283]तुंदा, [284]तामसी च [285]तपः प्रिया।

[286]ताम्रा [287]ताम्रांबरा [288]ताली, [289]तालीदलविभूषणी।।43।।

तरुणी, तुन्दिला, तामसी, तप: प्रिया, ताम्रा ताम्राम्बरा, ताली, तालीदलविभूषणी।।43।।

[290]तुरंगा [291]त्वरिता [292]तोता, [293]तोललातादिनी [294]तुला।

[295]तापत्रयहरा [296]तारा, [297]ताल केशी [298]तमालिनी।।44।।

तुरंगा, त्वरिता, तोता, तोललातादिनी, तुला, तापत्रयहरा तारा, तालकेशी, तमालिनी।44।।

[299]तमालदलवच्छाया [300]तालस्वनवती [301]तमी।

[302]तामसी च [303]तमिस्त्रा च, [304]तीव्रा तीव्र [305]पराक्रमा।।45।।

तमालदलवच्छाया, तालस्वनवती, तमी, तामसी, तमिस्त्रा, तीव्रा, तीव्र, पराक्रमा।।45।।

[306]तटस्यागिल [307]तैलाक्ता [308]तारिणी [309]तपनद्युतिः।

[310]तिलोत्तमतिलक, [311]कृत्तारकादेशशेखरा।।46।।

तटस्यागिल, तैलाक्ता, तारिणी, तपनद्युति, तिलोत्तमतिलक, कृत्तारकादेशशेखरा।।46।।

[312]तिलपुष्पा [313]प्रिया [314]तारा [315]तारकेशकुटुंबिनी।

[316]स्थाणुपत्नी [317]स्थितिकरी [318]स्थलस्था [319]स्थलवर्द्धिनी।।47।।

तिलपुष्पा, प्रिया, तारा, तारकेशकुटुंबिनी, स्थाणुपत्नी, स्थितिकरी, स्थलस्था, स्थलवर्द्धिनी।।47।।

[320]स्थितिस्स [321]थैर्या [322]स्थविष्टा च, [323]स्थावतिःस्थूल [324]ाविग्रहा।

[325]दंतिनी [326]दंडिनी [327]दीना, [328]दरिद्रा [329]दीनवत्सला।।48।।

स्थितिःस्स्थैर्या, स्थविष्टा स्थावति स्थूलाविग्रहा, दंतिनी, दंडिनी, दीना, दरिद्रा दीनवत्सला।।48।।

[330]देवी [331]देववधूर्दैत्यदमिनी[332] [333]दंतभूषणा।
[334]दयावती [335]दमवती, [336]दमदा [337]दाडिमस्तनी।।49।।

देवी देववधू, दैंत्यदमिनी दंतभूषणा, दयावती, दमवती, दमदा, दाडिमस्तनी।।49।।

[338]दंदशूकनिभा दैत्य, [339]दारिणी [340]देवतानना।
[341]दोलाक्रीडा[342]दलायुः च [343]दंपती [344]देवतामयी।।50।।

दंदशूकनिभा, दैत्यदारिणी, देवतानना, दोलाक्रीडा, दलायु, दंपती, देवतामयी।।50।।

[345]दशा[346]दीपस्थिता [347]दोषा [348]दोषहादोषकारिणी[349]।।51।।

दशा, दीपस्थिता, दोषा, दोषकारिणी।।51।।

[350]दुर्गा [351]दुर्गार्त्तिशमनी, [352]दुर्गमा [353]दुर्गवासिनी।
[354]दुर्ग, [355]धनाशिनी [356]दुःस्थ [357]दूरवासिनी।।52।।

दुर्गे, दुर्गार्त्तिशमनी, दुर्गमा दुर्गवासिनी दुर्गा धनाशिनी, दुःस्था, दूरवासिनी।।52।।

[358]दरदा [359]दरहा [360]दात्री, [361]दयादा [362]दुहिता [363]दशा।
धुरंधरा[364]धुरीणा[365] च, [366]धौरेयी [367]धनदायिनी।।53।।

दरदा, दरहा, दात्री, दयादा, दुहिता, दशा, धुरंधरा, धुरीणा, धौरेयी, धनदायिनी।।53।।

[368]धीरा[369]धीरा[370]धरित्री च [371]धर्मदा[372]धीरमानसा।
[373]धनुर्धरा च [374]धमिनी [375]धूर्त्ताधूर्त्त[376]परिग्रहा।।54।।

धीरा, अधीरा, धरित्री, धर्मदा, धीरमानसा, धनुर्धरा, धमिनी, धूर्त्ता, धूर्त्तपरिग्रहा।।54।।

[377]धूमवर्णा [378]धूमपाना, [379]धूमला [380]धूममोदिनी।
[381]नलिनीनंदनीरदा[382], [383]नंदिनीनंदबालिका[384]।।55।।

धूमवर्णा, धूमपाना, धूमला, धूममोदिनी, नलिनी, नंदनीरदा, नंदिनी, नंदबालिका।।55।।

[385]नवीनानर्मदा[386] [387]नर्मी, [388]नेमिर्नियम[389]निश्चया।
[390]निर्मला[391]निगमाचारा[392]निम्नगा[393]नग्निकानिमीः[394]।।56।।

नवीना, नर्मदा, नर्मी, नेमि नियमनिश्चया, निर्मला, निगमाचारा, निम्नगा, नग्निका, निमीः।।56।।

[395]नाला[396]निरंतरानिघ्नी[397], [398]निर्लोपा[399]निर्गुणा [400]नतिः।
[400]नीलग्रीवा[402]निरीहाच, [403]निरंजनजनीनवी[404]।।57।।

नाला, निरंतरा, निघ्नी, निर्लोपा, निर्गुणा, नतिःनीलग्रीवा, निरीहा, निरंजनजनी, नवी।।57।।

[405]नवनीतप्रियानारी[406], [407]नरकार्णवतारंणी।
[408]नारायणी[409]निराकारा, [410]निपुणानिपुणप्रिया[411]।।58।।

नवनीतप्रिया, नारी, नरकार्णवतार्रणी, नारायणी, निराकारा, निपुणा, निपुणप्रिया।।58।।

[412]निशा[413]निद्रानर्रेंद्रस्थान[414], [415]मितानमितापिच[416]।
[417]निंगुडिकाच[418]निर्गेडानिर्मा[419]सानासिकाभिधा[420]॥59॥

निशा, निद्रा, नरेंद्रस्थाना, मिता, नमिता, निंगुडिका, निर्गुण्डा, निर्मासां नासिका॥59॥

[421]पताकिनी [422]पताकाच [433]पलप्रीति[424]यशस्विनी।
[425]पीना[426]पीनस्तनापत्नी[427], [428]पवनाशनशायिनी॥60॥

पताकिनी, पताका, पलप्रीति, यशस्विनी, पीना, पीनस्तना, पत्नी, पवनाशनशायिनी॥60॥

[429]परापरा[430]कलापाका, [431]पाककृत्यरतिप्रया।
[432]पवनस्था [433]सुपवना[434]तापसी [435]प्रीतिवर्दिनी॥61॥

परा, अपराकला, पाका, पाककृत्यरतिप्रया, पवनस्था, सुपवना, तापसी, प्रीतिवर्दिनी॥61॥

[436]पशुवृद्धिकरीपुष्टि:[437] [438]पोषणीपुष्प[439]वर्द्धिनी।
[440]पुष्पिणी [441]पुस्तककरा, [442]पुन्नागतलवासिनी॥62॥

पशुवृद्धिकरी, पुष्टि, पोषणी, पुष्पवर्द्धिनी, पुष्पिणी, पुस्तककरा, पुन्नागतलवासिनी॥62॥

[443]पुरंदरप्रिया [444]प्रीतिः [445]परमार्गनिवासिनी।
[446]पशापाशकरापाश[447], बंधहा[448]पाशुलापशु:॥63॥

पुरंदरप्रिया, प्रीति, पुरमार्गनिवासिनी, पेशा, पाशकरा, पाशबंधहा, पाशुलापशु॥63॥

[449]पटपटाशा [450]परशुधारिणी [451]काशिनीतथा।
[452]पापघ्नी [453]पतिपत्नी च, [454]पतिताऽपति[455]तापि च॥64॥

पटपटाशा, परशुधारिणी, काशिनी, पापघ्नी, पतिपत्नी, पतिता, अपहिता॥64॥

[456]पिशाची च [457]पिशाघ्नी, [458]पिशिताशनतोषिता।
[459]पानदापानपात्रा [460]चपानदानकरोद्यता॥65॥

पिशाची, पिशाघ्नी, पिशिताशनतोषिता, पानदा, पानपात्रा, पानदानकरोद्यता॥65॥

[461]पेषाप्रसिद्धिः[462] [463]पीयूषा [464]पूर्णा [465]पूर्णमनोरथा।
[466]पतद्गर्भा [467]पतद्गात्रा [468]पौनःपुन्यपिवापुरा॥66॥

पेषा, प्रसिद्धि, पीयूषा, पूर्णा, पूर्णमनोरथा, पतद्गर्भा, पतद्गात्रा, पौनःपुन्यपिवापुरा॥66॥

[469]पंकिला[470]पंकमग्नाच, [470]पामीपांप[471]जरस्थिता।
[472]पंचमा [473]पंचया, माच [474]पंचता, पंचम[475]प्रिया॥67॥

पंकिला, पंकमग्ना, पामीपा, पंजरस्थिता, पञ्चमा, पञ्चयामा, पंचता, पंचमप्रिया॥67॥

[476]पंचमुद्रा[477]पुंडरीका, [478]पिंगला[479]पिंगलोचना।
[480]प्रियगुमंजरी [481]पिंडी, [482]पंडिता [483]पांडुरप्रभा॥68॥

पञ्चमुद्रा, पुंडरीका, पिंगला, पिंगलोचना, प्रियगुमञ्जरी, पिण्डी, पण्डिता, पाण्डुरप्रभा॥68॥

[484]प्रेतासना[485]प्रियालुस्था, [486]पांडुघ्नी [487]पीतसापहा।

[488]फलिनी [489]फलदात्रीच, [490]फलश्रीफणिभूषणा[491]॥69॥

प्रेतासना, प्रियालुस्था, पाण्डुघ्नी, पीतसापहा, फलिनी, फलदात्री, फलश्री, फणिभूषणा॥69॥

[492]फूत्कारकारिणीस्फारा[493] [494]फुल्लफुल्लांबुजासना[495]।

[496]फिरंगहा [497]स्फीतमतिः, [498]स्फिफतिः [499]स्फिीतिकरीतथा॥70॥

फूत्कारकारिणीस्फारा, फुल्लफुल्ला, अम्बुजासना, फिरंगहा, स्फीतमति, स्फिफति स्फिीतिकरी॥70॥

[500]वनमायाबलाराति[501], [502]बलिनीबल[503]वर्द्धिनी।

[504]वेणुवाद्या [505]वनचरीवी[506], रेवी[507]जनयीअपि[508]॥71॥

वनमाया, बलाराति, बलिनी, बलवर्द्धिनी, वेणुवाद्या, वनचरी, वीरा, वीजनयी॥71॥

[509]विद्या[510]विद्याप्रदाविद्या[511] बोधिनी [512]वेददायिनी।

[513]बुधमाताच [514]बुद्धाच [515]वनमालावतीवरा[516]॥72॥

विद्या, विद्याप्रदा, विद्याबोधिनी, वेददायिनी, बुधमाता, बुद्धा वनमालावती, वरा॥72॥

[517]वरदावारुणी[518], [519]वीणा [520]वादनतत्परा।

[521]विनोदिनी[522]विनोदस्था[523]वैष्णवीविष्णु[524]वल्लभा॥73॥

वरदा, वारुणी, वीणा, वादनतत्परा, विनोदिनी, विनोदस्था, वैष्णवी, विष्णुवल्लभा॥73॥

[525]विद्या[526]वैद्या[527]चिकित्साच, [528]विवशाविश्व[529]विश्रुता।

[530]वितंद्रा[531]विह्वलावेला[532], [533]विरावा विरतिज्वरा॥74॥

विद्या, वैद्या, चिकित्सा, विवशा, विश्वविश्रुता, वितन्द्रा, विह्वला, वेला, विरावा, विरतिज्वरा॥74॥

[535]विविधार्ककराविरा[536], [537]बिंबोष्ठी [538]बिंबवत्सला।

[539]विंध्यस्था[540]वारवन्द्याच, [542]वरीयानपराचवित्॥75॥

विविधार्ककरा, विरा, बिम्बोष्ठी बिम्बवत्सला, विंध्यस्था, वारवन्द्या, वरीयानपरा॥75॥

[543]वेदांतवेद्या[544]वैद्याच [545]वेदस्यविजयप्रदा।

[546]विरोधवर्धिनी [547]वन्ध्या, [548]वन्ध्याबन्धनिवारिणी॥76॥

वेदांतवेद्या वैद्या, वेदविजयप्रदा, विरोधवर्धिनी, वन्ध्या, वन्ध्याबन्धनिवारिणी॥76॥

[549]भयिनी [550]भगमालाच [551]भवानी[552]भयभाविनी।

[553]भीमा[554]भीमानना, [555]भैंमी[556]भंगुरा [557]भीमदर्शना॥77॥

भयिनी, भगमाला, भवानी, भयभाविनी, भीमा, भीमानना, भैंमी, भंगुरा, भीमदर्शना॥77॥

[558]भिल्ली[559]भल्लधरामीरू[560] [561]भैरुंडी[562]भीभयापहा।

[563]भगसर्पिण्यपिभगा[564] [565]भगरूपा [566]भगालया॥78॥

भिल्ली, भल्लधरा, भीरू, भैरुण्डी, भीभयापहा, भगसर्पिणी, भिगा, भगरूपा, भगालया॥78॥

[567]भगासना[568]भगामोदा [569]भेरीभंकाररंजिनी।
[570]भीषणा[571]भीषणरावा [572]भगवत्यपिभूषणा[573]॥79॥

भगासना, भगामोदा, भेरी भंकाररंजिनी, भीषणा, भीषणरावा, भगवती भूषणा॥79॥

[574]भारद्वाजी[575]भोगदात्री [576]भवघ्नी[577]भूतिभूषणा।
[578]भूतिदा [579]भूमिदात्रीच[580]भूपतित्वप्रदायिनी॥80॥

भारद्वाजी, भोगदात्री, भवघ्नी, भूति भूषणा, भूतिदा, भूमिदात्री, भूपतित्वप्रदायिनी॥80॥

[581]भ्रमरी [582]भ्रामरी [583]नीला, [584]भूपालमुकुटस्थिता।
[585]मता [586]मनोहरमना [587]मानिनी[588]मोहिनीमही[589]॥81॥

भ्रमरी, भ्रामरी, नीला, भूपालमुकुटस्थिता, मता मनोहरमना, मानिनी, मोहिनी, मही॥81॥

[590]महालक्ष्मीर्मदक्षीवा[591] [592]मदीयमदिलालया[593]।
[594]मदोद्धता [595]मदंगस्था [596]माधवी[597]मधुमंदिनी॥82॥

महालक्ष्मी, मदक्षीवा, मदीया, मदिलालया, मदोद्धता, मदंगस्था, माधवी, मधुमन्दिनी॥82॥

[598]मेधा[599]मेधकरीमेध्या[600] [601]मध्या[602]मध्यवयस्थिता।
[603]मद्यपा [604]मांसला [605]मत्स्यमोदिनी [606]मैथुनोद्धता॥83॥

मेधा, मेधकरी, मेध्या, मध्यमध्यवयस्थिता, मद्यपा, मांसला, मत्स्यमोदिनी, मैथुनोद्धता॥83॥

[607]मुद्रा [608]मुद्रावती [609]माता [610]माया[611]महिममन्दिरा।
[612]महामाया[613]महाविद्या [614]महामारी [615]महेश्वरी॥84॥

मुद्रा, मुद्रावती, माता, माया महिममन्दिरा, महामाया, महाविद्या, महामारी, महेश्वरी॥84॥

[616]महादेववधू[617]र्मान्या [618]मधुरा [619]वीरमण्डला।
[620]मेदस्विनी[621]मीलदश्री, [622]र्महिषासुरमर्दिनी॥85॥

महादेववधू, मान्या, मधुरा, वीरमण्डला, मेदस्विनी, मीलदश्री, महिषासुरमर्दिनी॥85॥

[623]मंडपस्था [624]मठस्थाच [625]मदिरागमगर्विता।
[626]मोक्षदा [627]मुंडमालाच [628]माला[629]मालाविलासिनी॥86॥

मण्डपस्था, मठस्था, मदिरागमगर्विता, मोक्षदा, मुण्डमाला, माला, मालाविलासिनी॥86॥

[630]मातंगिनीच [631]मातंगी [632]मतंगतनयापि च।
[633]मधुस्त्रवा [634]मधुरसा, [635]मधूकवुसुंमप्रिया॥87॥

मातंगिनी, मातंगी, मतंगतनया, मधुस्त्रवा, मधुरसा, मधूककुसुमप्रिया।।87।।

[636]यामिनी[637]यामिनीनाथ [638]भूषायावकरंजिता।

[639]यवांकुरप्रिया[640]माया [641]यवनी[642]यवनाधिपा।।88।।

यामिनी, यामिनीनाथ, यवांकुरप्रिया, मा़या, यवनी, यवनाधिपा।।88।।

[643]यमघ्नी[644]यमकन्याच, [645]यजमानस्वरूपिणी।

[646]यज्ञा[647]यज्वायजुर्यज्वा[648]यशोनिकरकारिणी।।89।।

यमघ्नी, यमकन्या, यजमानस्वरूपिणी, यज्ञा, यज्वायजुर्यज्वा, यशोनिकरकारिणी।।89।।

[649]यज्ञसूत्रप्रदाज्येष्ठा[650], [651]यज्ञकर्मकरीतथा।

[652]यशस्विनी[653]यकारस्था, [654]यूपस्तंभनिवासिनी।।90।।

यज्ञसूत्रप्रदा, ज्येष्ठा, यज्ञकर्मकरी, यशस्विनी, यकारस्था, यूपस्तंभनिवासिनी।।90।।

[655]रंजिता[656]राजपत्नीच, [657]रमा[658]रेखा[659]रवेरणी।

[660]रजोवती[661]रजश्चित्रा, [662]रजनी[663]रजनीपतिः।।91।।

रंजिता, राजपत्नी, रमा, रेखा, रवेरणी, रजोवही, रजश्चित्रा, रजनी, रजनीपति।।91।।

[664]रागिनी[665]राज्यनी[666]राज्या, [667]जयदा [668]राज्यवर्धिनी।

[669]राजन्वती [670]राजनीतिः तथा [671]रजतवासिनी।।92।।

रागिनी, राज्या, नीराज्या, जयदा राज्यवर्धिनी, राजन्वती, राजनीति, रजतवासिनी।।92।।

[672]रमणी [673]रमणीया च [674]रामा [675]रामावतीरती।

[676]रेतोवती[677]रतोत्साहा, [678]रोगहृद्रोगकारिणी।।93।।

रमणी, रमणीया, रामा, रामावतीरती, रेतोवती, रतोत्साहा, रोगाहृद्रोगकारिणी।।93।।

[679]रंगा[680]रंगवती[681]रागा, [682]रागज्ञा[683]रागकृद्रणा[684]।

[685]रंजिकारंजिका[686]रंजा, [687]रंजिनी[688]रक्तलोचना।।94।।

रंगा, रंगवती रागा, रागकृद्र, रणा, रंजिका, रंजा, रंजिनी, रक्तलोचना।।94।।

[689]रक्तचर्मधरारंज, [690]रक्तस्था[691]रक्तवाादिनी।

[692]रंभा[693]रंभफलप्रीति, [694]रंभोरू[695]राघवाप्रिया।।95।।

रक्तचर्मधारा, रक्तस्था, रक्तवाादिनी, रम्भारंभफलप्रीति, रम्भोरू, राघवाप्रिया।।95।।

[696]रंगभृद्रंग[697]मधुर, [698]रोदसी[699]रोदसीग्रहा।

[700]रोधकृद्रो[701]धहंत्रीच, रोग[702]भृद्रोग[703]शायिनी।।96।।

रंगभृद्र, रंगमधुरा, रोदसी, रोदसीग्रहा, रोधकृद्र, रोधहन्त्री, रोगभृद्र रोगशयिनी।।96।।

[704]बंदी[705]बंदिस्तुताबंध, [706]बंधूककुसुमाधरा।

[707]वंदीता[708]वंदितामाता, [709]विंदुरा[710]वैंदवीधि।।97।।

बंदीबंदिस्तुताबंध, बंधूककुसुमाधरा। वंदीतावंदितामाता, विंदुरावैंदवीधि।।97।।

[711]विंकी[712]विंकपलाविंका[713], [714]विंकस्था[715]विंकवत्सला।
[716]वदि[717]विलग्नाविप्रा[718] च [719]विधि[720]विधिकरीविधा[721]।।98।।

विंकीविंकपलाविंका, विंकस्थाविंकवत्सला। वदिर्विलग्नाविप्रा च विधिर्विधिकरीविध
T।।98।।

[722]शंखिनी[723]शंखवलया, [724]शंखमालावती[725]शमी।
[726]शंखपात्रा[727]शनीशंखा, [728]शंखगला[729]शशी।।99।।

शंखिनीशंखवलया, शंखमालावतीशमी। शंखपात्राशनीशंखा, शंखगलाशशी।।99।।

[730]शंबी[731]शरावती[733]श्यामा: [733]यामांगी[734]श्यामलोचना।
[735]श्मशानस्था [736]श्मशाना च [737]श्मशानास्थलभूषणा।।100।।

शंबीशरावतीश्यामा: यामांगीश्यामलोचना। श्मशानस्था श्मशाना च श्मशानास्थलभूषणा।।100।।

[738]शमदा[739]शमहंत्रीच, [740]शाकिनी[741]शंकुशेखरा।
[742]शांति[743]शांतिप्रदा[744]शेषा, [745]शेषास्था[746]शेषदायिनी।।101।।

शमदाशमहंत्रीच, शाकिनीशंकुशेखरा। शांतिशांतिप्रदाशेषा, शेषास्थाशेषदायिनी।।101।।

[747]शेमुषी[748]शोषिणी[749]शीरी, [750]शौरिः [751]शौर्याशरा[752]शिरिः।
[753]शापाहा [754]शापहानीश [755]शंपा[756]शपथदायिनी।।102।।

शेमुषीशोषिणीशीरी, शौरिः शौर्याशराशिरिः। शापाहा शापहानीश शंपाशपथदायिनी।।102।।

[757]श्रृंगिणी[758]श्रृंगपलभुक्, [759]शंकरी[760]शंकरीचया।
[761]शंका[762]शंकापहा[763]संस्था, [764]शाश्वती[765]शीतला[766]शिवा।।103।।

श्रृंगिणीश्रृंगपलभुक्, शंकरीशंकरीचया। शंकाशंकापहासंस्था, शाश्वतीशीतलाशिवा।।103।।

[767]शिवस्था[768]शवभुक्तावा[769]शावा, [770]शाववर्णा[771]शिवोदरी।
[772]शायिनी[773]शावशयना [774]शिंशपा[775]शिशुपालिनी।।104।।

शिवस्थाशवभुक्तावाशवा, शाववर्णाशिवोदरी। शायिनीशावशयना शिंशपाशिशुपालिनी।।104।।

[776]शवकुंडलिनीशैवा[777], [778]शंकरा[779]शिशिरा[780]शिरा।
[781]शवकांची[782]शवश्रीका, [783]शवमाला[784]शवाकृतिः।।105।।

शवकुंडलिनीशैवा, शंकराशिशिराशिरा। शवकांचीशवश्रीका, शवमालाशवाकृतिः।।105।।

[785]शयनीशं कुवाशक्तिः शंतनुः [786]शीलदायिनी।
[787]सिंधुः [788]सरस्वतीसिंधुः [789]सुन्दरी[790]सुंदरानना।।106।।

शयनीशं कुवाशक्ति: शंतनु: शीलदायिनी। सिंधु: सरस्वतीसिंधु: सुन्दरीसुंदरानना।।106।।

[791]साधु: [792]सिद्धि: [793]सिद्धिदात्री, [794]सिद्धासिद्धसरस्वती।
[795]संतति:[796]संपदा[797]संपत्संवित्[798] सरतिदायिनी।।107।।

साधु: सिद्धि: सिद्धिदात्री, सिद्धासिद्धसरस्वती। संतति:संपदासंपत्संवित् सरतिदायिनी।।107।।

[799]सपत्नीसरसासारा [800]सरस्वतिकरी[801]स्वधा।
[802]सर:समा [803]समानाचा, [804]समाराध्या [805]समस्तदा।।108।।

सपत्नीसरसासारा सरस्वतिकरीस्वधा। सर:समा समानाचा, समाराध्या समस्तदा।।108।।

[806]समिद्धा[807]समदा[808]संमा[809]संमोहा [810]समदर्शना।
[811]समिति:[812]समिधा[813]सीमासवित्री[814]सिवधासती[815]।।109।।

समिद्धासमदासंमासंमोहा समदर्शना। समिति:समिधासीमासवित्रीसिवधासती।।109।।

[816]सवता[817]सवनादारा [818]सावना[819]समरासमी।
[820]सिमिरा[821]सतता[822]साध्वी, [823]सधी[824]चिंत्य[825]सहायिनी।।110।।

सवतासवनादारा सावनासमरासमी। सिमिरासततासाध्वी, सधीचिंत्यसहायिनी।।110।।

[826]हंसी[827]हंसगतिर्हंसा[828] [829]हंसोज्ज्वलनिचोलुयुक्।
[830]हलिनी[831]हलदाहा[832] लाहर[833]श्रीहरवल्लभा।।111।।

हंसीहंसगतिर्हंसा हंसोज्ज्वलनिचोलुयुक्। हलिनीहलदाहा लाहरश्रीहरवल्लभा।।111।।

[834]हेला[835]हेलावतीहेषा[836] [837]हेषस्था[838]हेषवर्द्धिनी।
[839]हंता[840]हंतिर्हंता[841]हत्या [842]हाहंततपहारिणी।।112।।

हेलाहेलावतीहेषा हेषस्थाहेषवर्द्धिनी। हंताहंतिर्हंताहत्या हाहंततपहारिणी।।112।।

[843]हंकारी[844]हंतकृद्धंका[845] [846]हीहा[847]हाता[848]हता[849]हता।
[850]हेमप्रदा[851]हंसवती [852]हातरि[853]संमता।।113।।

हंकारीहंतकृद्धंका हीहाहाताहताहता। हेमप्रदाहंसवती हातरिसंमता।।113।।

[854]होरी[855]होत्री[856]होलिका [857]चहोमा[858]होमोहविर्हरि:[859]।
[860]हारिणी[861]हरिणीनेत्रा [862]हिमाचलनिवासिनी।।114।।

होरीहोत्रीहोलिका चहोमाहोमोहविर्हरि:। हारिणीहरिणीनेत्रा हिमाचलनिवासिनी।।114।।

[863]लंबोदरी [864]लंबकर्णा [865]लंबिका[866]लंबविग्रहा।
[867]लीला[868]लोलावती[869]लोला [870]ललनी[871]लालितालता[872]।।115।।

लंबोदरी लंबकर्णा लंबिकालंबविग्रहा। लीलालोलावतीलोला ललनीलालितालता।।115।।

[873]ललामलोचनालोच्य [874]लोलाक्षी[875]लक्षणा[876]लला।
[877]लपती[878]लुंपती[879]लंपा [880]लोपामुद्राललंतिनी[881]॥116॥

ललामलोचना, लोच्य लोलाक्षी लक्षणा, लला। लपती, लुंपती, लंपा लोपामुद्रा, ललंतिनी॥116॥

[882]लंतिका[883]लंबिकालंबा[884] [885]लघिमा[886]लघुमध्यमा।
[887]लघीयसी[888]लघुदयी [889]लूता[890]लूतनिवारिणी॥117॥

लंतिका, लंबिका, लंबा, लघिमा, लघुमध्यमा, लघीयसी, लघुदयी लूता, लूतनिवारिणी॥117॥

[891]लोमभृल्लोमलोप्ता[892] च [893]लुलुती[894]लुलुसंयती।
[895]लुलायस्थाच[896]लहरी, [897]लंकापुरपुरंदरी॥118॥

लोभभृत्, लोमलोप्ता च लुलुती, लुलुसंयती, लुलायस्था, लहरी, लंकापुरपुरंदरी॥118॥

[898]लक्ष्मी[899] र्लक्ष्मीप्रदाल, [900]क्ष्म्यालक्षबलमतिदा[901]।
[902]क्षुण्णा[903]क्षुपा[904]क्षणा[905]क्षीणा, [906]क्षमा [907]क्षांतिः [908]क्षणावती॥119॥

लक्ष्मी र्लक्ष्मीप्रदाल, क्ष्म्यालक्षबलमतिदा। क्षुण्णा क्षुपा क्षणा क्षीणा, क्षमा क्षांतिः क्षणावती॥119॥

[909]क्षामा[910]क्षामोदरीक्षीमा[911], [912]क्षौमभृत्क्षत्रियांगना[913]।
[914]क्षया [915]क्षयकरी [916]क्षीरा[917]क्षीरदा[918]क्षीरसागरा॥120॥

क्षमा क्षामोदरीक्षीमा, क्षौमभृत्क्षत्रियांगना। क्षया क्षयकरी क्षीरा क्षीरदा क्षीरसागरा॥120॥

[919]क्षेमंकरी[920]क्षयकरी, [921]क्षयतत्क्षण[922]दाक्षतिः[923]।
[924]क्षुरंती [925]क्षुद्रिका [926]क्षुद्रा, [927]क्षुत्क्षामाक्षरपातका[928]॥121॥

क्षेमंकरी, क्षयकरी, क्षय तत्क्षण दाक्षति क्षुरन्ती, क्षुद्रिका, क्षुद्रा, क्षुत्क्षामा, क्षरपातका॥121॥

विशेष : मूल पाण्डुलिपि में कुल 121 श्लोकों के सभी नामों की गणना करने पर 928 नामों की उपलब्धि ही हो रही है। पाठकगण हिन्दी में अनुवादित सभी नामों को एक हजार समझ कर ही पढ़ें। यदि शोध द्वारा अभिवृद्धि हुई तो अगले संस्करणों में जोड़ दी जायेगी।

फलश्रुतिः

मातुः सहस्रनामेदं प्रत्यंगिर्याः प्रदायकम्।
यः पठेत्प्रयतो नित्यं स एव स्यान्महेश्वरः॥1॥

फलश्रुतिः-माता प्रत्यङ्गिरा के इस एक सहस्रनाम सिद्धि को देने वाले हैं। जो इसका पवित्र भाव से नित्य पाठ करता है वह महेश्वर के समान वन्दनीय हो जाता हैं।॥1॥

अनाचांतः पठेन्नित्यं दरिद्रों धनदो भवेत्।
मूकः स्याद्वाक्पतिर्देवि रोगी नीरोगतां व्रजेत्॥2॥

हे दवी! जो साधक प्रारम्भ से अन्त तक जो इसका नित्य पाठ करता हैं वह दरिद्री भी कुबेर समान धनपति हो जाता हैं। गूंगा व्यक्ति भी सरस्वती का वरद्पुत्र हो जाता हैं, रोगी भी स्वस्थ हो जाता हैं।॥2॥

अपुत्र पुत्रमाप्नोंति त्रिषु लोकेषु विश्रुतम्।
वंध्यापि सूते तनयान् गावश्च बहुदुग्धदाः॥3॥

निःसन्तान दम्पत्ति को पुत्र की प्राप्ति होती हैं यह तीनों लोको में विख्यात है। वन्ध्या भी पुत्रवती हो जाती हैं, गायें बहुत दूध वाली हो जाती हैं।॥3॥

राजानः पादनम्राः स्युस्तस्य दासा इव स्फुटाः।
अरयः संक्षयं यांति मनसा संस्मृता अपि॥4॥

राजा भी विनम्र होकर दास तुल्य हो जाता हैं शत्रुओं का नाश स्मरण मात्र से हो जाता हैं।॥4॥

दर्शनादेव तायंते नरा नार्योऽपि तद्वशाः।
कर्ता हन्तत्वयं वीरो जायते नात्र संशयः॥5॥

दर्शन मात्र से नर-नारी भी उसके वशीभूत हो जाते हैं। घर में कर्मवीर शूरवीर सन्तति होती हैं इसमें किसी प्रकार का सन्देह नहीं है।॥5॥

यं यं कामयते कामं तं तं प्राप्नोति निश्चितम्।
दुरितं न च तस्यास्ते नास्ति शोकः कदाचन॥6॥

जिस-जिस प्रकार की कामना होती है वह निश्चित रूप से पूर्ण हो जाती है। उस साधक का कभी अनिष्ट नहीं होगा। उसे शोक की प्राप्ति नहीं होगी।॥6॥

चतुष्पथेऽर्द्धरात्रे य चः पठेत्साधकोत्तमः।
एकाकी निर्भयो धीरो दशावर्तं स्तवोत्तमम्॥7॥

आधी रात को यदि चौराहे पर यदि उत्तम साधक इस उत्तम स्तोत्र का पाठ करे तो व्यक्ति एकाकी धीरवीर व साहसी हो जाता हैं॥7॥

मनसा चिंतितं कार्येतस्य सिद्धिर्न संशयः॥8॥

मन में चिन्तन किया हुआ काम सिद्ध हो जाता हैं, इसमें संशय नहीं॥8॥

विना सहस्रनाम्ना यजपेन्मंत्रं कदाचन।
न सिद्धो जायते तस्य मंत्र कल्पशतैरपि॥9॥

बिना सहस्रनाम के जो प्रत्यंङ्गिरा मन्त्र का जाप करता हैं तो उसे सिद्धि नहीं मिलती चाहे एक कल्प तक साधक जप करता रहे॥9॥

कुजवारे श्मशाने च मध्याह्ने यो जपेदथ।
शतावर्त्या सर्जयेत कर्ता हर्ता नृणामिह।
रोगांतर्धोनिशायांते पठितांमसि संस्थितः॥10॥

मंगलवार के दिन श्मशान में दोपहर के समय जो इसकी एक सौं आहुति का हवन करता हैं तो वह मनुष्य के सभी रोगों का नाशक हो जाता हैं। यदि रोगी के पास बैठकर एकाग्रमन से रात्रि के अन्तिम प्रहर तक पाठ करता हैं॥10॥

सद्यो नीरोगतामेति यदि स्यान्निर्भयस्तदा।
अर्द्धरात्रे श्मशाने वा शनिवारे जपेन्मनुम्॥11॥

अथवा यदि शनिवार को अर्धरात्रि में श्मशान में जाप किया जाये तो जातक शीघ्र ही असाध्य रोगों से छूटकर निर्भय होकर निरोगी हो जाता हैं॥11॥

अष्टोत्तरसहस्रं तद्दशवारं जपेत्ततः।
सहस्रनाम चैतद्धि तदा याति स्वयं शिवा॥12॥

यदि 1008 नाम वाले इस स्तोत्र को पढ़ा जाय तो साधक शिवा (पार्वती) की विशेष शक्ति से युक्त हो जाता हैं॥12॥

महापवनरूपेण घोरगोमायुनादिनी।
तदा यदि नभीतिः स्यात्ततो द्रोहिति वा भवेत्॥13॥

भयंकर वायु के समान ध्वनि किये जाने पर भी शत्रु को भय नहीं होता हैं॥13॥

तदा पशुबलिं दद्यात्स्वयं गृह्णाति चंडिका॥14॥

तो जप के अन्त में यथेष्ट बलि दे, जो स्वयं चण्डिका ग्रहण करती हैं॥14॥

यथेष्टं च वरं दत्वा याति प्रत्यंङ्गिरा शिवा॥15॥

और साधक को प्रत्यंङ्गिरा (शिवा) स्वयं यथेष्ट वर देती हैं॥15॥

रोगचनागुरुकस्तृरीकर्पूरमदचंदनः।
कुंकुमप्रथमाभ्यां तु लिखितं भूर्जपत्रके॥16॥

गोरोचन, अगर, कस्तूरी, कपूर, मद (मधु) एवं चन्दन व कुंकुंम से मन्त्र भोजपत्र पर लिखें॥16॥

शुभनक्षत्रयोगे तु वृत्रिमाकृतसत्क्रियः।
कृतसंपातनासिद्धिर्धारयेद्दक्षिणे करे॥17॥

शुभनक्षत्र, शुभयोग में यन्त्र की आकृति बनावें तथा सिद्ध करके दायें हाथ की भुजा में बाधें तो विजय मिलती हैं॥17॥

सहस्रनामस्वर्णस्थं कंठेवापि जितेंद्रियः।
तदा यंत्रे नमेन्मंत्री क्रुद्धा संप्रियते नरः॥18॥

सहस्रनाम स्तोत्र से अभिमन्त्रित सुवर्ण यन्त्र को गले में धारण करने वाले साधक जितेन्द्रिय हो जाता हैं। इस यन्त्र को धारण करने वाले साधक के सामने राजा व मन्त्री विनम्र हो जाते हैं॥18॥

यस्मै ददाति यः स्वस्ति स भवद्धनदो यमः।
दुष्टश्चापदजंतूनां न भीः कुत्रापि जायते॥19॥

साधक जिसको आशीर्वाद दे दें वह व्यक्ति धनवान हो जाता हैं। घर में दुष्ट जीव-जन्तु किसी प्रकार की हानि नहीं पहुंचाते॥19॥

बालकानामिमां रक्षां गर्भिणीनामपि ध्रुवम्॥20॥

इस यन्त्र के धारण करने से गर्भिणी एवं गर्भस्थ बालक दोनों की रक्षा होती हैं॥20॥

मोहनं स्तंभनाकर्षमारणोच्चाटनानि च।
यंत्रधारणतोनूनं जायंते साधकस्य तं॥21॥

मोहन, स्तम्भन, आकर्षण, मारण, उच्चाटन, में भी यन्त्र धारण करने से साधक की सुरक्षा होती हैं॥21॥

नीलवस्त्रे विलिखतंध्वजायां यदि तिष्ठति।
तदानष्ठा भवत्येव प्रचण्डापरिवाहनी॥22॥

नीले रंग के वस्त्र पर यन्त्र को बनाकर यदि ध्वजा पर लगा दिया जाये तो उसके सामने प्रचण्ड पराक्रमी भी नष्ट हो जाता हैं॥22॥

एतज्जप्तं महाभस्म ललाटे यदि धारयेत॥23॥

इस मंत्र जाप की हवन महाभस्म को यदि ललाट पर लगा दिया जाए तो सभी प्राणी दर्शन मात्र से दास-सेवक की तरह वश में हो जाते हैं॥23॥

तद्दर्शनत एव स्युः प्राणिनस्तस्य किंकराः।
राजपत्न्योऽपि वशगाः किमन्याः परयोषितः॥24॥

राजपत्नी भी वशीभूत हो जाती हैं, अन्य स्त्रियों का तो कहना ही क्या॥24॥

एतज्जप्तं पिबेत्तोयं मासैकेन महाकविः।
पंडितश्च महादीक्षो जायते नात्र संशयः॥25॥

इस मन्त्र जाप से अभिमन्त्रित जल को पीने से व्यक्ति एक माह में ही महान् पण्डित, महान् गुरु, महान् कवि हो जाता हैं, इसमें संशय नहीं॥25॥

शक्तिं संपूज्य देवेशि पठेत्स्तोत्रं वरं शुभम्।
इह लोके सुखभुक्त्वा परत्र त्रिदिवं व्रजेत्॥26॥

हे देवोशी शक्ति की विधिवत उपासना करके इस श्रेष्ठ शुभ स्तोत्र का समुचित पाठ करना चाहिए। जिससे साधक इस लोक में ऐश्वर्य, धन-सम्पति पुत्र का सुख आदि भोगता हुआ मृत्यु के अन्त में स्वर्गलोक में जाता है। अर्थात् इस कल्याणकारी स्तोत्र को पढ़ने से व्यक्ति (इष्ट) शक्ति सम्पन्न हो जाता हैं। इस लोक में सुख भोगकर परलोक में भी आनन्द भोगता हैं॥26॥

इतिनामसहस्रं तु प्रत्यंङ्गिरामनोहरम्।
गोप्यं गुप्ततमं लोके गोपनीयं स्वयोनिवत्॥27॥

इस प्रकार यह प्रत्यंङ्गिरा देवी का मनोहारी सहस्रनाम रहस्यमय होने से अपने गुप्तांग की तरह अत्यन्त गोपनीय है। अर्थात् प्रत्यंङ्गिरा देवी के ये सहस्रनाम अत्यन्त मनोहर हैं जो तीनों लोकों में स्वयोनि की तरह गुप्त व गोपनीय कहे गये हैं॥27॥

इति श्री रुद्रयामले तन्त्रे दशविद्यारहस्ये
प्रत्यंङ्गिरा सहस्रनाम सम्पूर्णम्॥

श्री रुद्रयामलतन्त्र में दशविद्यारहस्य का प्रत्यंङ्गिरा सहस्रनामस्तोत्र यहां परिपूर्ण हुआ।

प्रत्यंङ्गिरा महिमा एवं जप मन्त्र

ॐ अस्य श्रीप्रत्यंङ्गिरास्तोत्रमंत्रस्य महादेवः ऋषिः। अनुष्टुप् छंदः।
प्रत्यंङ्गिरा देवता ह्रींबीजं स्वाहा शक्तिः। स्फें कीलकम।
ममाभीष्टसिद्धयर्थे जपे विनियोगः।

मंदरस्थं सुखासीनं भगवंतं महेश्वरम्।
समुपागम्य चरणौ पार्वती परिपृच्छति॥1॥

गुफा के अन्दर सुखपूर्वक बैठे हुए भगवान् देवाधिदेव महादेव के समीप आकर पार्वती यह जिज्ञासा करती है कि–॥1॥

पार्वत्युवाच॥2॥

पार्वती बोली।2।

धारिणी परमा विद्या प्रत्यंङ्गिरा महोदया।
नरनारीहितार्थाय बालानां रक्षणाय च॥3॥

सृष्टि को धारण करने वाली श्रेष्ठविद्या प्रत्यङ्गिरा! नर-नारी अर्थात् मानवमात्र के कल्याण के लिए तथा बालकों के संरक्षण के लिए॥3॥

राज्ञां मांडलिकानां च दीनानांच महेश्वर।
विदुषां च द्विजातीनां विशेषेणार्थसाधिनी॥4॥

राजाओं माडलिको तथा दीन-दुखियों असहायों, विद्वानों एवं द्विज आदि का विशेष रूप से प्रयोजन सिद्ध करने वाली॥4॥

उत्कृष्टा परमा देवी प्रत्यंङ्गिरा महोत्तमा।
महाभयेषु घोरेषु विद्युदग्निभयेषु च॥5॥

उत्कृष्ट परम तथा अति श्रेष्ठ प्रत्यङ्गिरा देवी हैं। अत्यधिक भयकारी घोर विद्युत् तथा अग्नि से सम्बन्धित भय आदि में॥5॥

व्याघ्रदंष्ट्रकराघाते नदीनदसमुद्रके।
अभिचारेषु सर्वेषु संग्रामे राजपीडिते॥6॥

हिंसक जीवों के द्वारा आघात पहुंचाये जाने पर नदी नद तथा समुद्र में एवं सभी अभिचारिक क्रियाओं में रणक्षेत्र में एवं शासक द्वारा कष्ट पहुंचाये जाने की दशा में॥6॥

सौभाग्यजननी नित्यं नृणां वश्यकरी तथा।
यां विद्यां भोः सुरश्रेष्ठ कथयस्व ममप्रभो॥17॥

आप नित्य ही मडको के किए सौभाग्य की प्रदायिका हैं। उन्हें अपने वश में रखने वाली हो इसलिए हे सुरश्रेष्ठ जो यह प्रत्यङ्गिरा से सम्बन्धिंत उत्तम विद्या है उसे मुझे बताइये॥7॥

पठिता पाठिता देवी, सर्वसिद्धिकरी सदा।
यस्यांगस्था महाविद्या प्रत्यंङ्गिरा शिवोदिता॥18॥

इस देवी का नित्य पठन-पाठन करने पर सभी सिद्धियों को यह प्रदामी है। इसी के प्रत्यङ्गिरा में शिवोदित, महाविद्या विद्यमान है॥8॥

तां विद्यां भोः सुरेशान कथयस्व मयि प्रभो।

हे देव श्रेष्ठ प्रभु! मुझे उसी विद्या को बताइये।

श्रीभैरव उवाच॥9॥

साधु साधु महाभागे जंतूनां हितकारिणी।
वचनांते सुरां सिद्धिं कथयामि न संशयः॥10॥

श्री भैरव बोले—सभी प्रणियों की हितैषिणी! हे महाभागे तुम्हारा यह प्रश्न प्रत्येक दृष्टि से उत्तम है। इसलिए तुम्हारे इस प्रश्न का उत्तर सिद्धि प्रदायिनी विद्या के रूप में बता रहा हूँ।

देवी प्रत्यंङ्गिरा विद्या, दुष्टग्रहाविनाशिनी।
मर्दिनी सर्वदुष्टानां, सर्वपापप्रमोचिनी॥11॥

प्रत्यंङ्गिरा देवी विद्या रूप है: दुष्ट ग्रहों का विनाश करने वाली हैं, सभी आसुरी शक्तियों का मर्दन करने वाली हैं तथा सभी पापों का मोचन करने वाली हैं।10।

स्त्रीबालप्रभृतीनां च, जनानां हितंकाम्यया।
सौभाग्यजननी देवी, बलपुष्टिकरी तथा॥12॥

स्त्री तथा बालक आदि लोगों के हित की कामना से सौभाग्य प्रदायिनी देवी हो बल तथा पोषण देने वाली हो।12।

चतुष्पथेषु गोष्ठेषु तथा गोष्ठवनेषु च।
श्मशाने दुर्गमे घोरे, संग्रामे शत्रुसंकटे॥13॥

चौराहों पर, गोष्ठों में, श्मशान, दुर्गम स्थल युद्ध क्षेत्र, शत्रुभय।13।

गुह्येप्यशुचिस्थानेषु, संग्रामे शत्रुसंकटे।
राजद्वारे च दुर्भिक्षे, महाभय उपस्थिते॥14॥

एकान्त एवं अपविच स्थल, संग्राम, शत्रुभय, राजद्वार, अकाल तथा घोर भय के उपस्थित होने पर

पठिता पाठिता देवी, सर्वसिद्धिकरी स्मृता।
यस्यात्मस्थामहाविद्या, प्रत्यंङ्गिरा सुभाषिता॥15॥

यदि इस प्रत्यङ्गिरा देवी का पठन-पाठन किया जाये तो यह सभी संकटों से उबार कर हर तरह कर सिद्धि देने वाली है। यह प्रत्यङ्गिरा देवी से सम्बन्धित महाविद्या जिसने आत्मसात् कर लिया हैं उसके लिए यह अत्यधिक सिद्धिदायी है तथा यही सतत् ध्येय है।

सिद्धा सुसिद्धा, सानित्यंविधेयं परमा स्मृता।
श्रीमता घोररूपेण, भाषिता घोररूपिणी॥16॥
यस्यांगस्था महाविद्या, विचिंत्या धारिता नरैः।
लिखिता च करे कंठे, बाहौ शिरसि धारयेत्॥17॥
विमुच्यते महाघोरे, मृत्युरूपे दुरासदे।
दुष्टासत्वग्रहा देव, यक्षरक्षादयस्तथा॥18॥

जिन्होंने अच्छी तरह से चिन्तन करके इसे आत्मसात् किया हैं हाथ, गला, भुजा तथा शिर में इस विद्या को लिखकर धारण किया है वह अत्यधिक भंयकर मृत्यु रूप दुष्टजीवों, ग्रहों देवों दानवों एवं राक्षसों से हर तरह से रक्षित हो जाता है।

पीडां तस्य न कुर्वेति ये, चान्ये पीडका ग्रहाः।
मंत्राबाह्याभिचारे, नो प्रवर्तन्ते कदाचन॥19॥

जितने भी कष्ट कारक ग्रह हैं वे किसी भी तरह से इन्हें कष्ट नहीं पहुंचाते हैं मन्त्रों तथा बाह्य अभिचार आदि से इनका प्रभाव नहीं होता है।

नित्यं च धार्यमाणस्य अमृतत्वं च कल्पयेत्।
यो धारयेद्योगयुक्तःतस्य रक्षा भवेत्सदा॥20॥

इस विद्या को अमृत रूप मानकर नित्य ही धारण करना चाहिये जो व्यक्ति योगयुक्त होकर इसे धारण करता है उसकी सर्वदा रक्षा होती है।

सिद्धार्था सिद्धिदा नित्यं, विद्येयं परमा स्मृता।
प्रत्यंङ्गिराक्षरा प्रोक्ता रिपुंहन्यान्न संशयः॥21॥

यह विद्या प्रयोजनों को सिद्ध करने वाली हर तरह की सिद्धि देने वाली तथा श्रेष्ठ विद्या है। यह प्रत्यङ्गिरा अक्षरा है अर्थात् कभी भी विनष्ट न होने वाली कही गयी है तथा निःसन्देह शत्रु संहारिका है

हरिचन्दनमिश्रेण रोचनाकुंकुमेन च।
लिखित्वा भूर्जपत्रे तु धारणीया सदा नृभिः॥22॥

अतः इसे हरिचन्दन गोतेचना तथा कुंकुम से मिश्रित करके मनुष्य को सदा भोजपत्र पर लिखकर धारण करना चाहिये।

पुष्पैर्धूपैर्विचित्रैश्च बल्युपाहारपूजनैः।
पूजयित्वा यथान्यायं, शीतकुम्भेन वेष्टयेत्॥23॥

पुष्प, धूप तथा अनेक प्रकार की बलियों, उपहारों आदि से विधिवत् पूजा करके शीत कुम्भ से लपेट कर यदि इन मन्त्रों को धारण किया जाता हैं तो यह शत्रु विनाशक होता है।

धारयेद्यदिमान् मंत्रान् लिखितान् रिपुनाशकाः।
विलयं यांति रिपवः प्रत्यंङ्गिराविधारणात्॥24॥

सभी शत्रु शीघ्र ही विनष्ट हो जाते है।

पूजयित्वा यथान्यायं, सितसूत्रेणवेष्टयेत्।
धारयेद्य इमां विद्यां, निश्चितं रिपुनाशनीम्॥25॥

अतः विधि विधान पूर्वक इसकी पूजा करके श्वेत धागे में लपेटकर इस विद्या को धारण करने से शत्रुओं का शीघ्र विनाश हो जाता है।

रिपवो विलयं यांति, प्रत्यंगिराप्रधारणात्।
यं यं स्पृशति हस्तेन, यं यं स्वादति जिह्वया॥26॥

जो भी इसे हाथ से स्पर्श करता हैं तथा जिह्वा से इसका स्वाद लेता है

अमृतत्वं भवेत्तस्य, मृत्युर्नास्ति कदाचन।
कर्मणो यो जपेद्वास्तु, कृत्रिमं दारूणं सदा॥27॥

उसके लिए यह अमृत रूप हो जाती है जिससे उसकी मृत्यु कभी भी नंहीं आती हैं

भक्षितं जरयत्याशु, तरसा तस्य सुव्रते।
तथास्योव्यग्रमानायां, जीर्यतीनात्र संशयः॥28॥

मंत्रराजोदयं देवि सर्वसिद्धिकरः स्मृतः।
सर्वमंत्रविनाशी च गोलं गुह्यतरं मया॥29॥

हे देवी! यह मन्त्रराज है जो सभी सिद्धियों का प्रदाता है, सभी मन्त्रों की शक्ति को विनष्ट करने वाला है तथा अत्यधिक गोपनीय है।29।

सर्वविद्याहरा विद्या प्रत्यंङ्गिरा महेश्वरी।
गोलकस्य प्रभावेन प्रत्यंङ्गिराप्रभावतः॥30॥

हे महेश्वरी सभी विद्याओं की शक्ति को हरण करने वाली यह प्रत्यंङ्गिरा विद्या है।30।

त्रिपुरश्च मया दग्ध, इमां विद्यां च बिभ्रता।
निर्जिताश्चासुराः सर्वे देवैर्विद्याभिमानतः।।31।।

इसी विद्या को धारण करने के कारण मैंने त्रिपुर को भस्म किया है तथा सभी देवों ने इसी विद्या की शक्ति से सभी असुरों पर विजय प्राप्त की है।31।

गोलकं सप्रवक्ष्यामि भैषज्यानि च सुव्रते।
कांता मदनकं चैव, रोचना कुंकुम तथा।।32।।

हे सुव्रते! अब मैं तुम्हें गोलक और भैषज्य के बारे में बता रहा हूँ जिसे कांता, मदनक रोचना, कुंकुमं

अरुक्करं शिखारिष्टं सिद्धार्था मालती तथा।
एतत्द्रव्यगणं भद्रे गोलगर्भेति धापयेत्।।33।।

अकक्कर शिखारिष्ट मालती नामक पदार्थो से युक्त करके गोल गर्भ का निर्माण करना चाहिये।

धारयेत्सततमंत्र, साधको मंत्रवित्सदा।
गोलकं केकिलं कृत्वा भेषजाय च सुव्रतः।।34।।

आयुष्करं सुखकरं, सिद्धार्था मालती तथा।
संभृतं धारयेन्मंत्रो साधको मंत्रवित्सदा।।35।।

तदनन्तर मन्त्रवेत्ता साधक को सदा इसे धारण करना चाहिये। इस मन्त्र को गोलक कप बनाकर औषधि कप मानना चाहिए। यह आयुवर्धक दुखकर, प्रयोजनसाधक है अतः मन्त्र ज्ञाता साधक को इसे एकत्रित करके धारण करना चाहिये।35।

अभिधां संप्रवक्ष्यामि प्रत्यंङ्गिरासुभाषिताम्।
दिव्यैर्मंत्रपदैश्चित्रैः सुखोपायैः सुखप्रदैः।।36।।

अब मैं प्रत्यङ्गिरा के द्वारा अच्छी तरह से कही गयी सूक्तियों को कहूंगा। जो दिव्य तत्वों से सम्पन्न सामंजस्य स्थापन पूर्ण पदों से युक्त होने से अलौकिक सुखोपाय से युक्त तथा मुखप्रद तत्वों से युक्त हैं।।36।।

पाठे रक्षाविधानेन मंत्रराजः प्रकीर्तितः।
अथातो मंत्रपादानि संप्रवक्ष्यामि यत्नतः।।37।।

इस मन्त्रराज के पाठ में रक्षा का विधान भी आवश्यक हैं अतः इसके पश्चात् में यत्न पूर्वक मन्त्रपादों का वर्णन करूंगा।।37।।

जपमन्त्र

ॐ अस्य श्रींप्रत्यंङ्गिरामंत्रस्य। श्रीभगवान् भैरवशंकर ऋषिः अनुष्टुबादि नानाछंदांसि। श्रीजगन्माताप्रत्यंङ्गिरादेवता ॐ बीजं। जुंशक्तिः सः

कीलकम्। मम सर्वर्थसिद्धयर्थे जपे विनियोगः ॐ नमः सहस्रसूर्येक्षणाय महासुखाय अनादिरूपाय पुरुहस्ताय महामखाय महाव्याघ्रायिने महाघोरातिघोराय महाप्रभावं दर्शय ॐ हिलिहिलि ॐ मिलिमिलि ॐ हरि हरि ॐ विद्युज्जिह्वे ज्वल ज्वल प्रज्वल बंध बंध मथ मथ, प्रमथ प्रमथ, प्रध्वंसय, प्रध्वंसय, शमय शमय, पिब पिब, ग्रस ग्रस, नाशय नाशय, वद वद, द्रावय द्रावय, विद्रावय विद्रावय, छिंधि छिंधि, कृंतय कृंतय, भक्षय भक्षय, त्रासय त्रासय, ताडय ताडय, विदारय विदारय, भ्रामय भ्रामय, कुलं कुलं, भुंज भुंज, भंज भंज, चुंब चुंब, दह दह, गर्ज गर्ज, स्फोटय स्फोटय, चुरय चुरय, उत्सादय उत्सादय, मोहय मोहय, उन्मूलय उन्मूलय, संकोचय संकोचय, आवेशय आवेशय, मम विपदं नाशय नाशय, विषं नाशय नाशय, शत्रूंस्त्रासय त्रासय, विदारय विदारय, ममरक्ष त्वं।

इस श्रीप्रत्यंङ्गिरा मंत्र के श्रीभगवान् भैरव, शंकर आदि अनुष्टुप् आदि अनेकविध छन्द, श्रीजगन्माता प्रत्यंङ्गिरा देवता ॐ बीज ॐ शान्ति सः कीलक.............मेरे सभी प्रयोजनों की सिद्धि के लिए यह विनियोग हैं।

अतः परं स्वशरीरनामोच्चार्य। ॐ आद्याक्षरमहायोगपुरुषरसवत्यांमां धारकं सपरिवाकरं रक्ष रक्ष महामेघौघघातिके महामेघौघघातिके महामेघौघादि सवंर्त्तकसंवर्त्तके विद्युद्धातविद्युत्क्रांते विद्युदतककपर्द्दिनिदिव्यकनकांभोरुहं कपर्छिनिदिविकनकांभोरुहं विकचमुंडमा लाधारिणि शितिकंठव्याघ्राजिनिकुक्कुटि परमेश्वरप्रिये छिंधि छिंधि विद्रावय विद्रावय विदारय विदारय देवपिशाचनागारुण्डकिन्नरविद्याधरगणागर्वयक्षराक्षसलोकपालानुग्रहानूस्तंभ यनाकलोकपालांश्च हन हन अत्रस्थले शत्रुनामोच्चांर कृत्वा ये मम शत्रवस्तान् हनय हनय, मम शत्रवस्तान्निकृंतय ये च सदा मम विद्यायामविधायामविद्याकर्म कुर्वेति तेषां विद्यां स्तंभय स्तंभय, कीलय कीलय, घातय घातय ॐ विश्वमूर्त्तये महातेजसे-जसे ॐ जुंसः। मम शत्रणां मुखं स्तंभय स्तंभय। ॐ जुंसः। मम शत्रूणां गुह्यं स्तंभय स्तंभय। ॐ जुंसः मम शत्रूणां विद्यां स्तंभय स्तंभय। ॐ जुंसः मम शत्रूणां हस्तौ स्तंभयस्तंभय। ॐ जुंसः मम शत्रूणां पादौ गुह्यखगध्वनिमर्माणि स्तंभय स्तंभय। ॐ जुंसः। मम शत्रूणां पादौ स्तंभय स्तंभय।

इसके पश्चात् अपने शरीर में उच्चारण करके...

ॐ जुंसः। मम शत्रुणां विश्वस्य स्तंभय स्तंभय। ॐ जुंसः। मम शत्रूणां नेत्रयोस्तंभय स्तंभय। ॐ जुंसः। मम शत्रुणां श्रोत्रयोस्तंभय स्तंभय। ॐ

जुंसः। मम शत्रूणां गृहांत्रकुटुंबं स्तंभय स्तंभय। स्थानं कीलय कीलय मुंडं कीलय कीलय देंह कीलय कीलय नाभिं कीलय कीलय मंडलं कीलय कीलय सर्वदेहं कीलय कीलय ॐ सर्वसिद्धिभागे महाभागस्य स्वशरीरनामोच्चारं कृत्वा मम धारकस्य सपरिवारकस्य शांतिं कुरु कुरु सपरिवारस्य रक्षां कुरु कुरु स्वाहा। ॐ ॐ ॐ रं रं रं हूं हूं हूं फट् स्वाहा। ॐ ॐ ॐ ॐ यं यं यं यं यं रं रं रं रं रं लं लं लं लं लं फट् स्वाहा। ॐ ठः ॐ ठः ॐ ठः ॐ हूं फट् ॐ प्रत्यंङ्गिरे मम धारकस्य सपरिवारकस्य रक्ष रक्ष ॐ यः यः ॐ ॐ ॐ ह्री फट् स्वाहा। ॐ मम् धारकस्य शत्रून् हनहन धमधम सर्वदुष्टांस्त्रासय त्रासय ॐ ॐ ॐ ह्रां ह्रां ह्रां हृष्टांकरालीममतन्नविषशस्त्राभिघातं सर्वोपद्रवादि येन कृतं कारितं कारयति कारयिष्यति वातान्सर्वान् हन हन पच पच प्रत्यंङ्गिरे रक्ष रक्ष त्वं मां धारकं सपरिवारकं रक्ष रक्ष स्वाहा।

यह विद्याओं में उत्तमविद्या है जिसे मानवमात्र पढ़े पढ़ाये तथा लिखकर हाथ, गले, भुजा तथा शिर में धारण करें। वह व्यक्ति सभी पापों से मुक्त हो जाता है। उसकी अल्पमृत्यु कभी भी नहीं होती। हे देवी! ग्रह, यक्ष, सिद्ध देव, राक्षस, सर्पराज आदि तथा भूमि एवं आन्तरिक लोक के प्राणी उसे कभी भी कष्ट नहीं देते। शत्रु द्वारा जीती हुई लक्ष्मी एवं राज्य आदि पर पुनः अधिकार हो जाता है। सभी प्राणहारक शत्रुजन भी उनके वशीभूत हो जाते है तथा उसकी सुन्दरता एवं प्रियदर्शन से सभी उनके वश में हो जाते हैं। सिद्धि देवी के प्रभाव से सभी विधायें उसे अभ्यस्त हो जाती हैं। चराचर जगत् में विद्यमान पर्वत अरण्य आदि में वह निर्भय रहता है। समस्त नर-नारी साधक से प्रभावित रहते हैं। इसमें किसी कार सन्देह नहीं है। उस तपस्वी के सभी वशीभूत हो जाते हैं। नवशक्ति का स्मरण करके वह शत्रु का शीघ्र ही विनाश करता है। हे गिरि नन्दिनी यह बात मैंने यथार्थ ही कही है इसमें किसी भी तरह नहीं होता है।

इस प्रकार श्री रुद्रयामल तन्त्र में ईश्वर पार्वती संवाद में प्रत्यंङ्गिरा स्तोत्र पूर्ण हुआ। ऐश्वर्य वृद्धि हो, दीर्घायु हो।

सैंत्तीस (37) अक्षरों वाला प्रत्यंङ्गिरा मन्त्र का सम्पूर्ण विधान

प्रत्यंङ्गिरा का मन्त्र

अब परकृत्य को नष्ट करने वाली प्रत्यंङ्गिरा को बतलाता हूँ–

दीर्होदुयुक् मरुत् (यां) फिर ब्रह्मा (क) लोहित स्थित मांस (ल्प) फिर 'यंतिनोरय:' कहकर 'क्रूरां कृत्यां' कहना चाहिए। फिर 'वधूमिव' के बाद 'ब्रह्म' एवं सदीर्घ ण (णा) फिर 'अपनिर्णुह्य:' के पश्चात् 'प्रत्यक्कतरिमृच्छतु'–यह पूरा मन्त्र तार (ॐ) एवं माया (ह्रीं) से सम्पुटित होकर 37 अक्षर का मन्त्र बनता हैं।

मन्त्रोद्धार

ॐ ह्रीं यां कल्पयंतिनोरय: क्रूराकृत्यां वधूमिव ह्यां ब्रह्मणा अपनिर्णूह्य: प्रत्यक्कर्तारमृच्छतु ह्रीं ॐ।

ब्रह्मानुष्टुम्मुनिश्छन्दो देवी प्रत्यंङ्गिरेरिता।
बीजशक्तितारमाये कृत्वा नाशे नियोजनम्॥87॥

विनियोग

इस मन्त्र का ऋषि ब्रह्मा हैं, छन्द अनुष्टुप् हैं, देवी प्रत्यंङ्गिरा देवता हैं, प्रणव बीज है, माया शक्ति हैं तथा (परकृत्य के) नाश में इसका विनियोग होता हैं।

विनियोग

अस्य प्रत्यंङ्गिरामन्त्रस्य ब्रह्मा ऋषि: अनुष्टुप् छन्द:, देवी प्रत्यंङ्गिरा देवता, ओं बीजं, ह्रीं शक्ति: परकृत्यनिवारणे (ममाखिलाप्तये) जपेविनियोग:।

अष्टभिस्तोयनिधिभिर्युगैर्वेदै श्चप श्चभि:।
वसुभिमंन्त्रजैर्वर्णैर्दीर्घयुक्पार्वतीपरै:॥88॥
प्रणवाद्यै:षडङ्गानि कल्पयेज्जातिसंयुतै:।
शिरोभ्रूमध्यवक्रैषु कण्ठे बाहुद्वयेहृदि॥89॥
नाभावूर्वोर्जानुनो श्चपदानि पदयोर्न्यसेत्।
चतुर्दशक्रमान्मन्त्रीतारमायापुटान्यपि॥९०॥

न्यास

मन्त्र के क्रमशः ८, ४, ४, ४, ५ एवं ८ अक्षरों से प्रारम्भ में प्रणव और अन्त में सदीर्घा माया लगाकर तथा जाति (हृदयाय नमः इत्यादि) के साथ षडङ्गन्यास करना चाहिए।

साधक प्रणव एवं मायाबीज से सम्पुटित मन्त्र के १४ पदों का क्रमशः शिर, भ्रूमध्य, मुख, कण्ठ, दोनों बाहु, हृदय, नाभि, दोनों अरू, दोनों जानु एवं दोनों पैरों में न्यास करे।

षडङ्गन्यास

ॐ यां कल्पयंतिनोरयः	ह्रां हृदयाय नमः।
ॐ क्रूरां कृत्यां	ह्रीं शिरसे स्वहा।
ॐ वधूमिव	ह्रूं शिखायै वषट।
ॐ ह्रां ब्रह्मणा	ह्रैं कवचाय हुम्।
ॐ अपनिर्णुह्यः	ह्रौं नेत्रत्रयाय वौषट्।
ॐ प्रत्यक्कर्तारमृच्छतु	ह्रः अस्त्राय फट्।

पदन्यास

ॐ ह्रीं यांह्री–शिरसि।	ॐ ह्रीं मिव ह्रीं–नाभौ।
ॐ ह्रीं कल्पयंति ह्रीं–भूमध्ये।	ॐ ह्रीं ह्रां ह्रीं–दक्षिण ऊरौ।
ॐ ह्रीं नो ह्रीं–मुखे।	ॐ ह्रीं ब्रह्माणा ह्रीं–वामऊरौ।
ॐ ह्रीं रथः ह्रीं–कण्ठे।	ॐ ह्रीं अपनिर्णुह्मः ह्मः-दक्षिणजानौ।
ॐ ह्रीं क्रूरां ह्रीं–दक्षिणबाहौ।	ॐ ह्रीं प्रत्य ह्रीं–वामजानौ।
ॐ ह्रीं कृत्यां ह्रीं–वामबाहौ।	ॐ ह्रीं क्कर्तार ह्रीं–दक्षिणपादे।
ॐ ह्रीं वधू ह्रीं–हृदि।	ॐ ह्रीं मृच्छतु ह्रीं–वाम पादे।

आशाम्बरा सुक्तकचा धनच्छविर्ध्येयासचर्मासिकराहिभूषणा।
दष्ट्रोग्रवक्त्राग्रसिताहितान्वया प्रत्यंङ्गिरा शंकरतेजसेरिता।।९१।।

ध्यान

दिगम्बरा, खुले केश वाली, मेघ के समान श्यामवर्ण वाली, चर्मधारण करने वाली, दोनों हाथों में तलवार एवं सर्प धारण करने वाली, उग्र दाँत एवं मुख से शत्रु समूह को ग्रसित करने वाली एवं शंकर के तेज से प्रदीप्ता प्रत्यंङ्गिरा देवी का ध्यान करना चाहिए।

ध्यायन्नेवं जपेन्मन्त्रमयुतं तद्दशांशतः।
अपामार्गेध्मराज्याज्यहविर्भिर्जुहुयात्ततः॥92॥

जपसंख्या एवं हवन

ऐसा ध्यान करते हुए इस मन्त्र का 10 हजार जप करना चाहिए। तथा अपामार्ग की समिधा, घी एवं हविष्यान्न से दशांश-होम करना चाहिए।

अन्नपूर्णासने चार्चेदङ्गलोके श्चरायुधः।
एवं सिद्धमनुर्मन्त्री प्रयोगेषु शंत जपेत्॥93॥

पीठ एवं आवरण पूजा

अन्नपूर्णा पीठ पर, अंग पूजा, लोकपाल एवं उनके आयुधों का पूजन करना चाहिए। इस प्रकार सिद्ध मन्त्र का साधक काम्यप्रयोगों में 100 बार जप करे।

पीठ पूजा

श्लोक 9 की टिप्पणी में बतलायी गयी रीति से पीठ देवता एवं पीठ शक्तियों का पूजन कर उस पीठ पर देवी का विधिवत् पूजन करना चाहिए।

आवरण पूजा

सर्वप्रथम कर्णिका में निम्नलिखित मन्त्रों से अंग पूजा करनी चाहिए, यथा:

ॐ यां कल्पयंतिनोरयः	ह्रां हृदयाय नमः।
क्रूरां कृत्यां	ह्रीं शिरसे स्वाहा।
वधूमिव	ह्रूं शिखायै वषट्।
ह्रां ब्रह्मणा	ह्रैं कवचाय हुम्।
अपनिर्णुह्यः	ह्रौं नेत्रत्रयाय वौषट्।
प्रत्यक्कतरिमृच्छतु	ह्रः अस्त्राय फट्।

इसके बाद श्लोक 21 की टिप्पणी में अन्नपूर्णा के षष्ठ एवं सप्तम आवरण में बतलाये गये मन्त्रों से इन्द्र आदि लोकपालों तथा वज्र आदि आयुधों का पूजन कर धूप, दीप आदि उपचारों से देवी का विधिवत् पूजन करना चाहिए।

जुहुयाच्चशत दिक्षु दशमन्त्रैर्हरेद्बलिम्।
यो मे पूर्वगतःपाम्मापावेकेनेहकर्मणा॥94॥
इन्द्रंस्तंदेवउच्चार्य राजान्ते भञ्जयत्विति।
अञ्जयत्वितिचोच्चार्यमोहयत्विति चोच्चरेत्॥95॥

नाशयतुपदंप श्चान्मारयत्वित्यतो बलिम्।
तस्मैप्रयच्छतुकृतंममान्ते च शिवंमम॥96॥

शान्तिःस्वस्त्ययनंचास्तुबलिमन्त्र उदाहृतः।
प्रणवाद्योष्टषष्ट्यर्णस्तेनैव वितरेद्बलिम्॥97॥

अस्मिन्मत्रे पूर्वपदस्थानेग्न्यादिपदं वदेत्।
अग्निरित्यादि च पठेदिन्द्रइत्यादिके स्थले॥98॥

एवं तुदशमन्त्राःस्युस्तैस्तत्तद्दिग्बलि हरेत्।
इत्थं कृते शत्रुकृताकृत्या क्षिप्रंविनश्यति॥99॥

काम्य प्रयोग

(पूर्वोक्त रीति से सिद्ध मन्त्र का) काम्य प्रयोग में 100 बार जप करना चाहिए तथा 100 आहुतियां देनी चाहिए। फिर दशों दिशाओं में वक्ष्यमाण मन्त्रों से बलि देनी चाहिए।

'यो मे पूर्वगतः–पाप्मापापकेनेह कर्मणा इन्द्रस्तंदेव' कहकर 'राज' 'भंजयतु' 'अंजयतु' एवं 'मोहयतु' कहना चाहिए। फिर 'नाशयतु' 'मारयतु' 'बलितस्मै प्रयच्छतुकृतं मम' के बाद 'शिवमम शान्तिःस्वस्त्ययनं चास्तु' कहने से यह बलिमन्त्र बन जाता हैं। इसके प्रारम्भ में प्रणव लगाकर इस ६८ अक्षर वाले मन्त्र से बलि देनी चाहिए।

इस मन्त्र के 'पूर्व' के स्थान पर 'आग्येन' आदि तथा 'इन्द्र' के स्थान पर 'अग्नि' आदि पढ़ने से १० दिकपालों को बलि देने के दश मन्त्र बन जाते हैं। उन मन्त्रों से उन दिशाओं में बलि देनी चाहिए।

ऐसा करने से शत्रु द्वारा किये गये कृत्य शीघ्र नष्ट हो जाते है।

बलिदान के मन्त्र

ॐ यो मे पूर्वगतः पाप्मापापकेनेह कर्मणा इन्द्रस्तं देवर जो भञ्जयतु अंजयतु मोहयतु नाशयतु मारयतु बलिन्तस्मै प्रयच्छतु कृतं मम शिवं मम शान्तिः स्वस्त्ययनं चास्तु–इस मन्त्र से पूर्व में इन्द्र को बलिदान देना चाहिए।

इसी प्रकार आग्नेय आदि शेष ६ दिशाओं में भी यथाक्रमेण निम्नलिखित मन्त्रों से अग्नि आदि को बलि देनी चाहिए। बलिमन्त्र इस प्रकार हैं:

ॐ यो में आग्नेयगतः पाप्मापापकेनेहकमेणा अग्निस्तं तेजराजो भञ्जयतु इत्यादि

,,	,,	दक्षिणगतः	,,	,,	यमस्तं	प्रेतराजो	,,	,,
,,	,,	नैर्ऋत्यगतः	,,	,,	निर्ऋतिस्तं	रक्षराजो	,,	,,
,,	,,	पश्चिमगतः	,,	,,	वरुणस्तं	जलराजो	,,	,,

,,	,,	वायव्यगत:	,,	,,	वायुस्तं	प्राणराजो	,,	,,
,,	,,	उत्तरगत:	,,	,,	सोमस्तं	ताराराजो	,,	,,
,,	,,	ईशानगत:	,,	,,	ईशानस्तं	गणराजो	,,	,,
,,	,,	ऊर्ध्वगत:	,,	,,	ब्रह्मास्तं	प्रजाराजो	,,	,,
,,	,,	अधोगत:	,,	,,	अनन्तस्तं	नागराजो	,,	,,

अथ प्रत्यंङ्गिरामालामन्त्रसिद्धिःप्रकीर्त्यते।
तारोमायानमःकृष्णंवाससेशतवर्णकाः॥100॥

सहस्त्रहिंसिनिपदंसहस्त्रबदने पुनः।
महाबलेपदंप श्चादुच्चरेदपराजिते॥101॥

प्रत्यंङ्गिरेपरसैन्यपरकर्मसहग्जलम्।
ध्वंसिनिपरमन्त्रोत्सादिनिसर्वपदं ततः॥102॥

भूतान्ते दमनिप्रान्ते सर्वदेवान्समुच्चरेत्।
बन्धुयुग्मं सर्वविद्याश्छिंधियुक्क्षोभयद्वयम्॥103॥

परयन्त्राणिसंकीर्त्य स्फोटयद्वितयं पठेत्।
सर्वान्ते शृङ्खला उक्त्वात्रोटयद्वितयंज्वलत्॥104॥

ज्वालालिह्व करालान्ते वदनेप्रत्यमुच्चरेत्।
गिरेमायानमोंतोयं शरसूर्य्याक्षरो मनुः॥105॥

प्रत्यंङ्गिरा मालामन्त्र का मन्त्रोद्वार

अब प्रत्यंङ्गिरा के माला मन्त्र की सिद्धि बतलाते है। तार (ॐ) माया (ह्रीं) फिर 'नमः कृष्णवाससे शत' 'सहस्त्रहिंसिनि' 'सहस्त्रवदने' 'महाबले' 'अपराजिते प्रत्यंङ्गिरे परसैन्यपरकृत्य'। फिर सह्क् जल (वि) 'घ्वंसिनि परमन्त्रोत्सादिनिसर्व' 'भूत' 'दमनि' एवं 'सर्वदेवान्' फिर बन्धयुग्म, सर्वविद्याः' छिन्धि युग्म, क्षोभय युग्म फिर 'परयन्त्राणि' स्फोटय युग्म फिर 'सर्वशृङ्खला' एवं त्रोटय युग्म फिर 'ज्वलज्ज्वाला जिह्व करालवदनेप्रत्यं' के बाद 'गिरे' माया (ह्रीं) तथा अन्त में 'नमः' लगाने से 125 अक्षर का प्रत्यंङ्गिरा का माला मन्त्र बनता हैं।

125 अक्षरों वाला प्रत्यंङ्गिरा माला मन्त्र

ॐ ह्रीं नमः कृष्णवाससे शतसहस्त्र हिंसिनि सहस्त्रवदने महाबले अपराजिते प्रत्यंङ्गिरे परसैन्यपरकर्मविध्वंसिनि परमन्त्रोत्सादिनि सर्वभूतदमनि सर्वदेवान् बन्ध बन्ध सर्वविद्याश्छिन्दि छिन्दि क्षोभय क्षोभय परयन्त्राणि स्फोटय स्फोटय सर्वशृङ्खलास्त्रोटय त्रोटय ज्वलज्ज्वालाजिह्वे करालवदने प्रत्यंङ्गिरे ह्रीं नमः।

ऋष्यादिकं पूर्वमुक्तं माययास्यात्षडङ्गकम्।
ध्यायेत्प्रत्यंङ्गिरां देवी सर्वशत्रुविनाशिनीम्॥106॥

इस मन्त्र के ऋषि आदि पूर्वोक्त मन्त्र के समान हैं। तथा मायाबीज से षडङ्गन्यास करना चाहिए। फिर सब शत्रुओं का नाश करनेवाली प्रत्यंङ्गिरा देवी का ध्यान करना चाहिए। आचमनी में जल लेकर विनियोग करें।

विनियोग

अस्य प्रत्यंङ्गिरा मन्त्रस्य ब्रह्माऋषिः, अनुष्टुप् छन्दः देवी प्रत्यंङ्गिरा देवता ॐ बीजं ह्रीं शक्तिः परकृत्यनिवारणे (ममाखिलाप्तये वा) जपे विनियोगः।

षडङ्गन्यास

ह्रां हृदयाय नमः।	ह्रैं कवचाय हुम्।
ह्रीं शिरसे स्वाहा।	ह्रौं नेत्रत्रयाय वौषट्।
ह्रूँ शिखायै वषट्।	ह्रः अस्त्राय फट्।

सिंहारूढातिकृष्णांत्रिभुवनभयकृद्रूपमुग्रं वहन्ती
ज्वालावक्त्रावसानानववसनयुगंनीलमण्याभकान्तिः।
शूलं खड्गं बहन्तीनिजकरयुगले भक्तरक्षैकदक्षा सेयं-
प्रत्यंङ्गिरा संक्षपयतु रिपुभिनिर्मितं वोभिचारम्॥१०७॥

ध्यान

सिंह पर आरूढ़, तीनों लोकों को भयभीत करने वाली एकदम काली एवं उग्ररूप वाली, मुख से अग्नि की ज्वाला निकालने वाली, दो नवीन वस्त्र धारण करने वाली, नीलमणि के समान आभा वाली, दोनों हाथों में शूल एवं खड्ग धारण करने वाली एवं भक्तों की रक्षा में तत्पर प्रत्यंङ्गिरा देवी हमारे शत्रुओं के द्वारा किये गये अभिचारों को नष्ट करे।

अयुतं प्रजपेन्मन्त्रं सहस्त्रं तिलराजिकाः।
हुत्वा सिद्धमनुं मन्त्रं प्रयोगेषु शतं जपेत्॥108॥

जपसंख्या एवं हवन

इस मन्त्र का 10 हजार जप करना चाहिए तथा तिल एवं राजिका से एक हजार आहुतियाँ देकर सिद्ध मन्त्र का काम्यप्रयोग में 100 बार जप करना चाहिए।

ग्रहभूतादिका विष्टं सिञ्चेन्मन्त्रं जपञ्जलैः।
विनाशयेत्परकृतं यन्त्रमन्त्रादिकर्मणाम्॥१०९॥

काम्यप्रयोग

ग्रह एवं भूत आदि से ग्रस्त व्यक्ति पर इस मन्त्र का (१०० बार) जप करते हुए जल से मार्जन करना चाहिए। इस प्रकार परकृत यन्त्र मन्त्र आदि कृत्यों को नष्ट करना चाहिए।

मन्त्रं विरोधिशमकं प्रवक्ष्येषोडशाक्षरम्।
प्रणवःकेशवःसेन्दुवेर्गाद्याःपञ्चसेन्दवः॥११०॥
वियच्चन्द्रान्वितंरान्तसद्योजातःशशांकयुक्।
मायात्रिकर्णचन्द्राढयोभृगुःसर्गीसवर्मफट्॥१११॥
स्वाहान्तःषोडशार्णोयं मन्त्रःशत्रुविनाशनः।

शत्रुनाशक मन्त्र

16 अक्षरवाला शत्रुनाशक मन्त्र बतलाता हूं।

प्रणव (ॐ) सेन्दु केशव (अं) सेन्दु पंचवर्गाद्या (कं चं टं तं पं) चन्द्रान्वित वियत् (हं) सद्योजात-शशांक युक् रान्त (लों) माया (ह्रीं) कर्णचन्द्राढ्य अत्रि (दुं) सर्गी भृगु (सः) वर्म (हुं) फिर 'फट्' एवं अन्त में 'स्वाहा' लगाने से १६ अक्षर वाला यह शत्रुनाशक मन्त्र बन जाता हैं।

मन्त्रोद्धारः ॐ अं कं चं टं तं पं हं लों दुं सः हुं फट् स्वाहा।

विधाताष्टिर्ऋषिश्छन्दःपर्वताब्ध्यग्निवायवः॥११२॥
धराकाशौमहापूर्वा देवताःपरिकीतिताः।
हुंबीजं पार्वतहशक्तिर्मायया तु षडङ्गकम्॥११३॥

विनियोग एवं न्यास

इस मन्त्र का विधता ऋषि है, अष्टि छन्द हैं, महापर्वत, महाब्धि, महाग्नि, महावायु महाधरा एवं महाकाश देवता बतलाये गये हैं, 'हु' बीज है तथा पार्वती (ह्रीं) शक्ति हैं। (षड्दीर्घ सहित) माया बीज से षगङ्गन्यास करना चाहिए।

विनियोग

अस्य मन्त्रस्य ब्रह्माऋषिः, अष्टिश्छन्दः महापर्वत-महाब्धि -महाग्नि-महावायु-महाधरा-महाकाशः षड् देवताः हुं बीजं ह्री शक्तिः ममाभीष्टसिद्धये जपे विनियोगः।

षडङ्गन्यासः

ह्रां हृदयान नमः।	ह्रैं कवचाय हुम्।
ह्रीं शिरसे स्वाहा।	ह्रौं नेत्रत्रयाय वौषट्।
ह्रूं शिखायै वषट्।	ह्रः अस्त्राय फट्।

जपसंख्या, हवन एवं पूजन

इस प्रकार उक्त 6 देवताओं का ध्यान कर इस मन्त्र का 16 हजार जप करना चाहिए। तथा षड्द्रव्यों से दशांश-होम करना चाहिए।

धान, चावल, घी, सरसों, जौ एवं तिल से प्रत्येक को अपने भाग के अनुसार (२६७) आहुतियां देकर पूर्वोक्त पीठ पर इनका पूजन करना चाहिए। फिर अङ्गपूजा दिक्पाल एवं वज्र आदि आयुधों के साथ उनका पूजन करने से यह मन्त्र सिद्ध हो जाता हैं।

शत्रुपद्रवमापन्नो युंज्यात्तन्नष्टये मनुम्।
अकारं पर्वताकारं धावंतं शत्रुसम्मुखम्॥१२२।

पतनोन्मुखमत्युग्रं प्राच्यांदिशि विचिन्तयेत्।
ककारं क्षुब्धकल्लोलं प्लाविताखिलभूतलम्॥१२३॥

समुद्ररूपिणं भीमं प्रतीचयांदि संस्मरेत्।
वर्ण तदग्रिमं ज्वालासंघव्याप्तनभस्तलम्॥१२४॥

याम्येरब्धजगद्दाहं स्मरेत्प्रलयपावकम्।
तृतीयवर्गप्रथमं प्रकम्पितजगत्त्रयम्॥१२५॥

युगान्तपवनाकारमुत्तरस्यां दिशि स्मरेत्।
तुरीयपञ्चमाद्याणौ पृथ्वीगगनरूपिणौ॥१२६॥

शत्रुवर्ग बाधमानौ चिन्तयेन्नियतात्मवान्।
तदग्रिमं वर्णयुगं शत्रोर्निः श्वासपद्धतिम्॥१२७॥

निरुन्धानं स्मरेन्मन्त्रीविदधद्रिपुमाकुलम्।
मायादिवर्णत्रितयं शत्रोर्नेत्रश्रुतीमुखम्॥१२८॥

प्रत्येकं तु निरुन्धानं चिन्तयेत्साधकोत्तमः।
वमंसंक्षोभितं त्वस्त्रं रिपोराधारदेशतः॥१२९॥

उत्थाप्य वह्निं तद्देहं प्रदहन्समनुस्मरेत्।
एवंवर्णान्स्मरन्मन्त्रं जपेन्मन्त्रीसहस्त्रकम्॥१३०॥

मण्डलत्रितयादर्वाङ्मारयत्येवविद्विषम्।
एवं यःकुरुतेकर्मप्राणायामजपादिभिः॥१३१॥
संशोधयित्वा स्वात्मानं स्वरक्षायै हरि स्मरेत्॥१३२॥

प्रयोग विधि

पर्वत जैसे आकारवाले, शत्रु की ओर दौड़ते हुए, उसके ऊपर पतनोन्मुख एवं अति उग्र अकार का पूर्वदिशा में ध्यान करना चाहिए।

समुद्र जैसे रूप वाले, क्षुब्ध तरंगों से समस्त भूतल को आप्लाबित करने वाले तथा भयंकर रूप वाले ककार का पश्चिम दिशा में ध्यान करना चाहिए।

ज्वाला मण्डल धरती एवं आकाश को व्याप्त करने वाले, जगत के जलाने वाले प्रलयाग्नि के समान तृतीय वर्ण (चकार) का दक्षिण दिशा में ध्यान करना चाहिए।

प्रलयकालीन तूफानों से तीनों लोकों को प्रकम्पित करने वाले तृतीय वर्ग के प्रथम अक्षर (टकार) का उत्तर दिशा में ध्यान करना चाहिए।

शत्रुवर्ग को बाँधनेवाले, पृथ्वी एवं आकाशरूपी चतुर्थ एवं पंचम वर्ग के प्रथम अक्षरों (तकार एवं पकार) का, नियतात्मा साधक ध्यान करे।

शत्रु की श्वास प्रणाली को रोकने वाले तथा शत्रुओं को व्याकुल करने वाले अग्रिम दोनों वर्णो का ध्यान करना चाहिए।

फिर श्रेष्ठ साधक शत्रु के नेत्र, मुख एवं कान को अवरुद्ध करने वाले माया आदि तीन वर्णो का ध्यान करे। फिर वर्म (हुंकार) संक्षोभित तथा अस्त्र से शत्रु को उठाकर अग्नि में उसके शरीर को जलाते हुए मन्त्र का ध्यान करना चाहिए।

इस प्रकार मन्त्र के सब वर्णो का ध्यान करते हुए मान्त्रिक १ हजार जप करे तो 3 मण्डलों (147 दिनों) पहिले शत्रु को मार सकता हैं।

इस प्रकार के प्रयोग को करने वाले साधक को प्राणायाम एवं जप आदि से आत्मशुद्धि कर अपनी रक्षा के लिए हरि का स्मरण करना चाहिए।

विपरीतप्रत्यङ्गिरास्तोत्रम

हाथ में जल लेकर विनियोगः करें

ॐ अस्य श्रीविपरोतप्रत्यङ्गिरामन्त्रस्य भैरव-ऋषिः, अनुष्टुप् छन्दः, श्रीविपरीत-प्रत्यङ्गिरा देवता, ममाऽभीष्टसिद्ध्यर्थे जपे पाठे च विनियोगः।

अब करन्यासः करें

ॐ ऐं अङ्गुष्ठाभ्यां नमः। ॐ ह्रीं तर्जनीभ्यां नमः। ॐ श्रीं मध्यमाभ्यां नमः। ॐ प्रत्यङ्गिरे अनामिकाभ्यां नमः। ॐ मां रक्ष रक्ष

विनियोग–दाहिने हाथ में जल लेकर 'ॐ अस्य श्रीविपरीतप्रत्यङ्गिरामन्त्रस्य' से 'जपे पाठे च विनियोगः' तक मन्त्र पढ़कर भूमि पर या किसी पात्र में जल छोड़े।

करन्यास

'ॐ ऐं अङ्गुष्ठाभ्यां नमः' से दोनों अँगूठे का स्पर्श करे, 'ॐ ह्रीं तर्जनीभ्यां नमः' से दोनों अँगूठे की काल वाली अंगुली का स्पर्श करे, ॐ श्री मध्यमाभ्यां नमः पढ़कर बीच की अंगुली को छुएं। 'ॐ प्रत्यङ्गिरे अनामिकाभ्यां नमः' कहकर बीच की अँगुली के बगल वाली

कनिष्ठिकाभ्यां नमः। ॐ मम शत्रून् भञ्जय करतलकरपृष्ठाभ्यां नमः।

हृदयान्दिन्यासः (पवित्र जल में शरीर के निम्न अंगों को स्पर्श करें)

ॐ ऐं हृदयाय नमः। ॐ ह्रीं शिरसे स्वाहा। ॐ श्रीं शिखायै वषट्। ॐ प्रत्यङ्गिरे कवचाय हुम्। ॐ मां रक्ष रक्ष नेत्रप्रयाय वौषट्। ॐ मम शू न् भञ्जय भञ्जय अस्त्राय फट्। अँगुली का स्पर्श करे, 'ॐ मां रक्ष रक्ष कनिष्ठिकाभ्यां नमः' से कानी अंगुली का स्पर्श करे। 'ॐ मम शुभम भञ्जय करतलकर पृष्ठाभ्यां नमः' से दोनों हाथों की हथेलियों और उनके पृष्ठ भागों का स्पर्श करना चाहिए।

इसी प्रकार हृदयादिन्यास भी करे, जैसे–

'ॐ ऐं हृदयाय नमः' से हृदय, 'ॐ ह्रीं शिरसे स्वाहा' से सिर, 'ॐ श्रीं शिखायै वषट्' से शिखा, 'ॐ प्रत्यङ्गिरे कवचाय हुम्' से दोनों हाथों की भुजाओं और 'ॐ मां रक्ष रक्ष नेत्रत्रयाय वोषट्' से दोनों नेत्रों का स्पर्श करे। फिर 'ॐ मम शत्रून् भञ्जय भञ्जय अस्त्राय फट् पढ़कर दाहिने हाथ की तर्जनी और मध्यमा अँगुली से बायें हाथ से ताली बजा देवे।

दिग्बन्धः (कार्य प्रारम्भ करने के पूर्व दिशाओं को बांधे ताकि अनिष्ट न हो)

'ॐ भूर्भुवः स्वः' इति दिग्बन्धः।

मूल मन्त्रः

ॐ ऐं ह्रीं श्रीं प्रत्यङ्गिरे मां रक्ष रक्ष मम शत्रून् भञ्जय भञ्जय फे हुं फट् स्वाहा।

अष्टोत्तरशतं चाऽस्य जपं चैव प्रकीर्तितम्।
ऋषिस्तु भैरवो नाम छन्दोऽनुष्टुप् प्रकीर्तितम्।।१।।
देवता दैशिका रक्ता नाम प्रत्यङ्गिरेति च।
पूर्वबीजैः षडङ्गानि कल्पयेत् साधकोत्तमः।
सर्वहृष्टापचारैश्च ध्यायेत् प्रत्यङ्गिरां शुभाम्।।२।।

पश्चात् 'ॐ भूर्भुवः स्वः' मन्त्र पढ़कर सभी दिशाओं में चुटकी बजायें।

मन्त्र

'ॐ ऐं ह्रीं श्रीं प्रत्यङ्गिरे मां रक्ष रक्ष मम शत्रून् भञ्जय भञ्जय फे हुं फट् स्वाहा' यह भगवती प्रत्यङ्गिरा के जप का मूल मन्त्र हैं। जो अत्यन्त लघु हैं।

एक सौ आठ बार जप करे। इसके भैरव ऋषि है और अनुष्टुप् छन्द हैं तथा देवता दैशिका, रक्ता और प्रत्यंङ्गिरा देवी हैं।।१।। साधक को चाहिए कि पूर्वोक्त बीज युक्त षडंगन्यास के साथ जप करे तथा प्रसन्न चित्त एवं यथोचित सामग्री से प्रत्यंङ्गिरा देवी का इस प्रकार ध्यान करे।।२।।

ध्यानम्

टङ्कं कपालं डमरुं त्रिशूलं
सम्बिभ्रती चन्द्रकलावतंसा।
पिङ्गोर्ध्वकेशोऽसितभीमदंष्ट्रा
भूयाद् विभूत्यै मम भद्रकाली।३।।

ध्यान–'टङ्कं कपालं' से लेकर 'मम भद्रकाली' तक ध्यान का श्लोक पढ़े, जिसका अर्थ हैं–

तलवार, खड्ग, डमरू, त्रिशूल और चन्द्रहास को धारण की हुई, उठे हुए पीले केश वाली एवं भयंकर काले दाँतों वाली भद्र काली मेरा कल्याण करे।।३।।

एवं ध्यात्वा जपेन्मन्त्रमकविंशतिवासरान्।
शत्रूणां नाशने ह्येतत् प्रकाशोऽयं सुनिश्चियः।।४।।

इस प्रकार ध्यान करके इक्कीस दिन तक 'ॐ ऐं ह्रीं श्रीं प्रत्यङ्गिरे मां रक्ष रक्ष मम शत्रून् भञ्जय फे हुं फट् स्वाहा' इस मन्त्र का एक सौ आठ बार जप करे। शत्रुओं के नाश करने में यह मन्त्र निश्चित रूप से कहा गया है।।४।।

अष्टम्यामर्धरात्रे तु शरत्काले महानिशि।
आराधिता चेच्छीकालीतत्क्षणात्सिद्धिदानृणाम्।।५।।

शारदीय नवरात्र की महानिशा सम्बन्धित अष्टमी के अर्धरात्रि में श्रीकाली का आराधन करने से साधक को तत्क्षण सिद्धि प्राप्त होती है।

सर्वोपचारसम्पन्न-वस्त्र-रत्न-फलादिभिः।
पुष्पै श्च कृष्णवर्णैश्च साधयेत् कालिकां वराम्।।6।।

साधक को चाहिए कि समस्त पूजन-सामग्री सहित वस्त्र, रत्न और फल आदि तथा कौआठोठी के पुष्प से श्रेष्ठ श्रीकाली का पूजन करे।।६।।

वर्षादूर्ध्वमजं मेषं मृदं वाऽथ यथाविधि।
दद्यात् पूर्व महेशानि! ततश्च जपमाचरेत्।।7।।

इस प्रकार एक वर्ष तक जप करने के पश्चात् भेड़ एवं बकरी के बच्चे की यथाविधि बलि प्रदान करे। उसके बाद पुनः जप करे।।७।।

एकाहात् सिद्धिदा काली सत्यं सत्यं न संशयः।
मूलमन्त्रेण रात्रौ च होमं कुर्यात् समाहितः।।8।।

इस प्रकार करने से श्रीकाली एक दिन में ही निःसन्देह सिद्ध हो जाती हैं। रात्रि में अत्यन्त सावधान चित्त हो मूल मन्त्र से हवन करें।।८।।

मरीच-लाजा-लवणैः सार्पपैर्मारणं भवेत्।
महावनपदे चैव न भयं विद्यते क्वचित्।।9।।

काली मिर्च, लाजा, नमक और सरसों से हवन करने से शत्रु निश्चय ही मृत्यु को प्राप्त होता है और साधक को घनघोर जंगल में भी किसी प्रकार का भय नहीं रहता अर्थात् वह निर्भय रहता हैं।।९।।

प्रेतपिण्डं समादाय गोलकं कारयेत् ततः।
मध्ये नामाङ्कितं कृत्वा शत्रुरूपां श्च पुत्तलीम्।।10।।
जीवं तत्र विधायैव चिताग्नौ जुहुयात् ततः।
तत्राऽयुतजपं कुर्यात् त्रिरात्रं मारणं रिपोः।।११।।
महाज्वाला भवेत्तस्य तप्तताम्रशलाकया।
गुदद्वारे प्रदद्याच्च सप्ताहान् मारणं रिपोः।।१२।।

जिसपर मारण करना हो उसके निमित्त प्रेत के पिण्डसे गोलकयत्र बनाकर तथा उसमें शत्रु का पुतला बनाकर, उसके मध्यमें शत्रु का नाम लिखे तथा प्राणप्रतिष्ठा कर चिता की अग्नि में उसे हवन करे। तीन दिन तक मूलमंत्र के दस हजार जप करने से

शत्रु का मारण होता हैं तथा उस शत्रु को इस बात का ज्ञान होता हैं कि मुझे कोई तपे हुए तांबे की शलाका (सलाई) से छेद रहा हैं और मेरे शरीर में भयंकर ज्वाला उपन्न हो रही हैं। इसी प्रकार उस पुत्तल के गुदा में सात दिन तक जप करने से शत्रु का मारण होता हैं।।१०-१२।।

प्रत्यङ्गिरा मया प्रोक्ता पठिता पाठिता नरैः।
लिखित्वा च करे कण्ठे बाहो शिरसि धारयेत्।
मुच्यते सर्वपापेभ्यो नाऽल्पमृत्युः कथ श्चन॥१३॥

मैंने प्रत्यंङ्गिरा स्तोत्र का निरूपण किया, उसे साधकों ने अपनाया। इस प्रत्यंङ्गिरा को भोजपत्र पर लिख कर कलाई, कण्ठ, भुजा और मस्तक पर धारण करे। जिससे साधक समस्त पापों से मुक्त होता हैं तथा अल्प मृत्यु का ग्रास कभी भी नहीं बनता।।१३।।

ग्रहा ऋक्षास्तथा सिंहा भूता यक्षा श्च राक्षसाः।
तस्य पीडां न कुर्वन्ति दिवि भुव्यन्तरिक्षगाः॥१४॥

इसको धारण करने से समस्त ग्रह, रीछ, सिंह, भूत, यक्ष, राक्षस और आकाश, पृथ्वी तथा अन्तरिक्ष में विचरण करने वाल समस्तगण उसे किसी प्रकार की भी पीड़ा नहीं पहुँचा सकते।।१४।।

चतुष्पदेषु दुर्गेषु वनेषूपवनेषु च।
श्मशाने दुर्गमे घोरे संग्रामे शत्रुसङ्कटे॥१५॥

वह चौराहा, किला, वन, उपवन, भयंकर श्मशान तथा घोर युद्ध एवं शत्रुओं से घिर जाने पर भी विचलित नहीं होता।।१५।।

ॐ ॐ ॐ ॐ ॐ कुं कुं कुं मां सां खां चां लां क्षां ॐ ह्रीं ह्रीं ॐ ॐ ह्रीं बां धां मां सां रक्षां कुरु। ॐ ह्री ह्रीं ॐ सः हुं ॐ क्षौं वां लां धां मां सां रक्षां कुरु। ॐ ॐ हुं प्लुं रक्षां कुरु।

ॐ नमो विपरीतप्रत्यङ्गिरायै विद्याराज्ञि त्रैलोक्यवशङ्करि तुष्टि-पुष्टि-करि सर्वपीडापहारिणि सर्वापन्नाशिनि सर्वमङ्गल-माङ्गल्ये शिवे सर्वार्थसाधिनि मोदिनि सर्वशास्त्रणां भेदिनि क्षोभिणि। तथा परमन्त्र-तन्त्र-यन्त्र-विष-चूर्ण-सर्वप्रयोगादीनन्येषां निर्वर्तयित्वा यत्कृतं तन्मेऽस्तु कलिपातिनि सर्वहिसा मा कारयति अनुमोदयति मनस वाचा कर्मणा ये देवा-ऽसुर-राक्षसास्तिर्यग्योनि-सर्वहिसका विरूपकं कुर्वन्ति मम मन्त्र-तन्त्र-यन्त्र-विष-चूर्ण-सर्वप्रयोगा-दीनात्महस्तेन यः करोति करिष्यति कारयिष्यति तान् सर्वानन्येषां निवर्तयित्वा पातय कारय मस्तके स्वाहा।

इति भैरवीतन्त्रे भैरवीसंवादे पण्डित-श्रीशिवदत्त
मिश्रशास्त्रिसंस्कृतं विपरीत-प्रत्यङ्गिरास्तोत्रं समाप्तम्।

'ॐ ॐ ॐ–' से 'मस्तके स्वाहा' तक यह प्रधान माला मन्त्र हैं।

श्रीविपरीतप्रत्यंङ्गिरास्तोत्र महिमा

महेश्वर उवाच

श्रृणु देवि! महाविद्यां सर्वसिद्धिप्रदायिकाम्।
यस्य विज्ञानमात्रेण शत्रुवर्गा लयं गताः॥१॥
विपरीतमहाकाली सर्वभूतभयंकरी।
यस्याः प्रसङ्गमात्रेण कम्पते च जगत्त्रयम्॥2॥
न च शान्तिप्रदः कोऽपि परमेशो न चैव हि।
देवताः प्रलयं यान्ति किं पुनर्मानवादयः॥3॥
पठनाद् धारणाद्देवि सृष्टिसंहारको भवेत्।
अभिचारादिकाः सर्वा या या साध्यतमाः क्रियाः।

इसके स्मरणमात्र से ही तीनों लोक कांपने लगते हैं।।2।। परमेश्वर आदि कोई भी देवता उसे शान्त नहीं कर सकते। उसके सामने देवता भी विनष्ट हो जाते हैं फिर मनुष्यों की बात की क्या?।।3।।

मनुष्य महाविद्या महाकाली के स्तोत्र को पढ़ने से सृष्टि के संहार करने में समर्थ हो जाता हैं। अभिचारादि (मारण, मोहन, उच्चाटन महेश्वर ने कहा–हे देवी, सम्पूर्ण सिद्धियों के देने वाली महाविद्या के स्तोत्र को सुनो, जिसके जानने मात्र से ही शत्रुओं का विनाश हो जाता हैं।।1।। विपरीत महाकाली सम्पूर्ण प्राणियों को भय उत्पन्न करने वाली हैं।

स्मरणेन महाकाल्या नाशं जग्मुः सुरेश्वरि।
सिद्धिविद्या महाकाली यत्रेवेह च मोदते॥4॥
सप्तलक्षमहाविद्या गोपिता परमेश्वरि।
महाकाली महादेवि! शङ्करश्रेष्ठदेवताः॥5॥
यस्याः प्रसादमात्रेण परब्रह्म महेश्वरः।
कृतिमादिविषघ्नीशा प्रलयादि निवर्त्तिका॥6॥
त्वदङ्घ्रिदर्शनादेव कम्पमानो महेश्वरः॥7॥
यस्य निग्रहमात्रेण पृथिवी प्रलयं गता॥8॥

दशविद्या यदा ज्ञाता दशद्वाग्समाश्रिता।
प्राचीद्वारे भुवनेशी दक्षिणे कालिका तथा॥9॥

आदि) सारी क्रियाएँ इस स्तोत्र के स्मरणमात्र से नष्ट हो जाती हैं॥4॥ सिद्धिविद्या महाकाली जिस स्थान पर आनन्दपूर्वक विहार करती हैं, वहाँ सात लाख महाविद्या उनकी रक्षा करती हैं॥5॥ हे महाकाली, हे महादेवी, तुम शंकर की श्रेष्ठ देवता हो, तुम्हारी प्रसन्नता मात्र से ही सदाशिव परब्रह्म हो गये॥6॥ यह महाकाली कृत्तिमादि विषों का विनाश करने में समर्थ हैं तथा प्रलयादि को भी रोकने में समर्थ है॥7॥ भगवान् महेश्वर तो तुम्हारे चरण के दर्शन मात्र से ही कांपने लगते हैं, जिसके क्रोध करने मात्र से ही पृथ्वी प्रलय को प्राप्त होने लगती हैं॥8॥ देवियाँ इस महाकाली के दश द्वार पर रहने वाली दशविद्या के नाम से प्रख्यात हैं। पूर्व द्वार पर भुवनेशी, दक्षिण द्वार पर कालिका नाम की देवी रहती हैं॥9॥

नाक्षत्री पश्चिमे च उत्तरे भैरवी तथा।
ऐशान्यां सततं देवि! प्रचण्ड चण्डिका तथा॥10॥

पश्चिमद्वार पर नाक्षत्री, उत्तर द्वार पर भैरवी, ईशान कोण में प्रचण्ड चण्डिका का नाम विख्यात हैं॥10॥

आग्नेय्यां बगलादेवी रक्षःकोणे मतङ्गिनी।
धूमावती च वायव्ये अध ऊर्ध्वे च सुन्दरी॥11॥

इस महाकाली के आग्नेय कोण में बगलादेवी, नेर्ऋत्य कोण में मंतगिनी, वायव्य धूमावती, ऊपर तथा नीचे सुन्दरी नामक देवियाँ रहती हैं॥11॥

सम्मुखे षोडशी देवी जाग्रत्-स्वप्न-स्वरूपिणी।
वामभागे व देवेशी महात्रिपुरसुन्दरी॥12॥

जाग्रत्, स्वप्न तथा सुषुप्ति स्वरूप वाली षोडशी देवी, सम्मुख में तथा वामभागा में त्रिपुर सुन्दरी का निवास हैं॥12॥

अंशरूपेण देवेशी सर्वा देव्यः प्रतिष्ठताः।
महाप्रत्यङ्गिरा चैव प्रत्यङ्गिरा तथोदिता॥13॥

महाकाली के अंशरूप से ये विद्याएँ प्रतिष्ठित (पूजित) हैं। यह महाकाली अङ्गिरा तथा प्रत्यङ्गिरा नाम से विख्यात हैं॥13॥

महाविष्णुर्यदा ज्ञाता भुवनानां महेश्वरि।
कर्ता पाता च संहर्ता सत्यं सत्यं वदामि ते॥14॥

यह भगवती महाविष्णु रूप से लोकों का सृजन-पालन तथा संहार करती हैं, मैं यह सत्य-सत्य कहता हूँ॥14॥

मुक्ति-मुक्तिप्रदा देवि महाकाली सुनिश्चितम्।
वेदशास्त्रप्रगुप्ता सा नन्दस्यादैवतैरपि॥15॥

यह महाकाली भोग तथा मुक्ति को देने वाली हैं। वेदशास्त्रों की रक्षा करने वाली हैं तथा देवताओं को आनन्द देने वाली हैं।।**15**।।

अनन्तकोटिसूर्यामा सर्वजन्तुभयङ्करी।
ध्यानज्ञानविहीना सा वेदान्तामृतवर्षिणी।।16।।

अनन्त कोटि सूर्यो के समान तेजस्वी हैं, सारे प्राणियों को भय उत्पन्न करने वाली हैं, ध्यान तथा ज्ञान के बिना ही वेदान्तामृत की वर्षा करने वाली हैं।।**16**।।

सर्वमन्त्रमयी काली निगमाऽऽगमकारिणी।
निगमाऽऽगमकारी सा महाप्रलयकारिणी।।17।।

यह महाकाली सभी मन्त्रों का स्वरूप है तथा निगम (वेद), आगम (मन्त्र शास्त्र) की रचयिता हैं तथा महाप्रलय करने वाली हैं।।**17**।।

यस्याऽङ्गघर्मलवा च सा गङ्गा परमोदिता।
महाकाली नगेऽनुस्था विपरीता महोदया।।18।।

महादेवी के पूजन से मनुष्य सर्व समर्थ होकर परब्रह्म हो जाता हैं।।**18-20**।।

विपरीता प्रत्यंङ्गिरा तत्र काली प्रतिष्ठिता।
साधक-स्मरणमात्रेण शत्रूणां निगमागमाः।19।

जिसके अंग के स्वेद (पसीना) स्वरूप मात्र से गङ्गा प्रवाहित हैं तथा जो पर्वतराज पर विद्यमान पार्वती के रूप में विपरीत प्रत्यङ्गिरा काली कही जाती हैं। साधक के स्मरण मात्र से ही शत्रुओं के निगम, आगम नष्ट हो जाते हैं, मैं यह सत्य-सत्य कहता हूँ।

नाशं जग्मुः नशीं जग्मुः सत्यं सत्यं वदामि ते।
परब्रह्म महादेवी पूजनैरीश्वरो भवेत्।।20।।
शिवकोटि समो योगी विष्णुकोटिसमः स्थिरः।
सर्वैराराधिता सा वै मुक्तिमुक्तिप्रदायिनी।।21।।
गुरुमन्त्रशतं जप्त्वा श्वेतसर्षपमानयेत्।।22।।

करोड़ों शिव के समान योगी तथा करोड़ों विष्णु के समान स्थिर हो जाता हैं। आराधना से प्रसन्न होकर वह भोग तथा मोक्ष को देने वाली हैं, गुरुमन्त्र का सौ बार जप कर श्वेत सर्षप (सफेद सरसों) ले आना चाहिएं।।**21-22**।।

ॐ हुं स्फारय स्फारय मारय मारय शत्रुवर्गान् नाशय नाशय स्वाहा। इति विंशाक्षरी।

आत्मरक्षां शत्रुनाशं सा करोति च तत्क्षणात्।
ऋषिन्यासादिकं कृत्वा सर्षपैर्मारणं चरेत्।।23।।

'ॐ हुं स्फारय-स्फारय मारय-मारय शत्रुवर्गान् नाशय-नाशय स्वाहा' यह विंशाक्षरी मन्त्र हैं—इसके जप से भगवती महाकाली उसी क्षण साधक की रक्षा तथा

शत्रुओं का नाश करती हैं। यदि मारण करना हो तो ऋष्यादिन्यास कर सफेद सरसों का प्रयोग करना चाहिए।।23।।

विनियोगः (हाथ में पवित्र जल ले)

ॐ अस्य श्रीमहाविपरीतप्रत्यङ्गिरा-स्तोत्रमन्त्रस्य महाकालभैरवऋषिस्त्रिष्टुप्-छन्दः श्रीमहाविपरीतप्रत्यङ्गिरादेवता हं बीजं ह्रीं शक्तिः क्लीं कीलकं मम सर्वार्थसिद्ध्यर्थे जपे विनियोगः।

विनियोग

हाथ में जल लेकर 'ॐ अस्य श्रीमहाविपरीत-प्रत्यङ्गिरास्तोत्र- मन्त्रस्य' से आरम्भ कर 'जपे विनियोगः' तक मन्त्र पढ़कर भूमि पर जल छोड़ दे।

मालामन्त्र

ॐ ॐ ॐ ॐ ॐ ॐ ॐ नमो विपरीतप्रत्यङ्गिरायै सहस्त्रानेककार्यलोचनायै कोटिविद्युज्जि ह्वायै महाव्यापिन्यै संहाररूपायै जन्मशान्तिकारिण्यै मम सपरिवारकस्य भावि-भूत-भवच्छत्रदारापत्यान् संहारय संहारय महाप्रभावं दर्शय दर्शय हिलि हिलि किलि किलि मिलि मिलि चिलि चिलि भूरि भूरि विद्युज्जिह्वे ज्वल प्रज्वल प्रज्वल ध्वंसय ध्वंसय प्रध्वंसय प्रध्वंसय ग्रासय ग्रासय पिब पिब नाशय नाशय त्रासय त्रासय वित्रासय वित्रासय मारय मारय विमारय विमारय भ्रामय भ्रामय विभ्रामय विभ्रामय द्रावय द्रावय विद्रावय विद्रावय हूँ हूँ फट् स्वाहा।

'ॐ ॐ–नमो विपरीतप्रत्यङ्गिरायै' से लेकर 'हूँ फट् स्वाहा' तक प्रत्यङ्गिरा के माला मन्त्र हैं।

हूँ हूँ हूँ हूँ हूँ ह्रीं ह्रीं ह्रीं ह्रीं ह्रीं क्लीं क्लीं क्लीं क्लीं क्लीं ॐ ॐ ॐ ॐ ॐ विपरीतप्रत्यङ्गिरे हूँ लँ ह्रीं लँ ल्कीं लँ ॐ लँ फट् फट् स्वाहा।

हूँ लँ ह्रीं ल्कीं ॐ विपरीतप्रत्यङ्गिरे मम सपरिवारकस्य यावच्छत्रून् देवता-पितृ-पिशाच-नाग-गरुड-किन्नर-विद्याधर-गन्धर्व-यक्ष-राक्षस-लोकपालान् ग्रह-भूत-नरलोकान् समन्त्रान् सौषधान् सायुधान् स-सहायान् पाणौ छिन्धि छिन्धि भिन्धि भिन्धि निकृन्तय निकृन्तय छेदय छेदय उच्चाटय उच्चाटय मारय मारय तेषां साहंकारादि-धर्मान् कीलय कीलय घातय घातय नाशय नाशय विपरीतप्रत्यङ्गिरे स्फ्रें स्फ्रेत्कारिणी ॐ ॐ जँ ॐ ॐ जँ ॐ ॐ जँ ॐ ॐ जँ ॐ ॐ जँ ॐ ठः ॐ ठः ॐ ठः ॐ ठः ॐ ठः मम सपरिवारकस्य शत्रूणां सर्वा विद्याः स्तम्भ्य स्तम्भ्य नाशय नाशय

हस्तौ स्तम्भय स्तम्भ्य मुखं स्तम्भय स्तम्भय नाशय नाशय नेत्राणि स्तम्भय स्तम्भय नाशय नाशय दन्तान् स्तम्भय स्तम्भय नाशय नाशय जिह्वां स्तम्भय स्तम्भय नाशय नाशय पादौ स्तम्भय स्तम्भय नाशय नाशय गुह्यं स्तम्भय स्तम्भय नाशय नाश सकुटुम्बानां स्तम्भय स्तम्भय नाशय नाशय स्थानं स्तम्भय स्तम्भय नाशय नाशय सँ प्राणान् कीलय नाशय नाशय हूँ हूँ हूँ हूँ हूँ हूँ हूँ ह्रीं ह्रीं ह्रीं ह्रीं ह्रीं ह्रीं ह्रीं ल्कीं ल्कीं ल्कीं ल्कीं ल्कीं ल्कीं ल्कीं ऐं ऐं ऐं ऐं ऐं ऐं ऐं ॐ ॐ ॐ ॐ ॐ ॐ ॐ फट् फट् स्वाहा।

मम सपरिवारकस्य सर्वतो रक्षां कुरु कुरु फट् फट् स्वाहा (ह्रीं ह्रीं ह्रीं ह्रीं ह्रीं) ऐं ह्रूं ह्रीं ल्कीं हूं सों विपरीतप्रत्यङ्गिरे! मम सपरिवारकस्य भूतभविष्यच्छत्रूणा-मुश्चचाटनं कुरु कुरु हूँ हूँ फट् स्वाहा।

ह्रीं ह्रीं ह्रीं ह्रीं ह्रीं वँ वँ वँ वँ वँ लँ लँ लँ लँ लँ रँ रँ रँ रँ रँ यँ यँ यँ यँ यँ ॐ ॐ ॐ ॐ ॐ नमो भगवति विपरीतप्रत्यङ्गिरे दुष्टचाण्डालिनी-त्रिशूल-वज्राङ्कश-शक्ति-शूल-धनुः-शर-पाशधारिणी शत्रुरुधिर-चर्म-मेदो-मांसाऽस्थि-मज्जा-शुक्र-मेहन-वसा-वाक्-प्राण-मस्तक-हेत्वादिभक्षिणी परब्रह्मशिवे ज्वालादायिनी-मालिनी शत्रूच्चाटन-मारण-क्षोभन-स्तम्भन-मोहन द्रावण-जृम्भण-भ्रामण-रौद्रण-सन्तापन यन्त्रमन्त्र-तन्त्रान्तर्याग पुरश्चरण-भूतशुद्धि-पूजाफलपरमनिर्वाण हारणकारिणिकपालखट्वाङ्गपरशुधारिणि मम सपरिवारस्य भूतभविष्यच्छत्रून् स-सहायान् सवाहवान् हन हन रण रण दह दह दम दम धम धम पच पच मथ मथ लंघय लंघय खादय खादय चर्वय चर्वय व्यथय व्यथय ज्वरय ज्वरय मूकान् कुरु कुरु ज्ञानं हर हर हूँ हूँ फट् फट् स्वाहा।

ह्रीं ह्रीं ह्रीं ह्रीं ह्रीं ह्रीं ह्रीं हूँ हूँ हूँ हूँ हूँ हूँ हूँ ल्कीं क्लीं क्लीं क्लीं क्लीं क्लीं क्लीं ॐ ॐ ॐ ॐ ॐ ॐ ॐ विपरीतप्रत्यङ्गिरे ह्री ह्री ह्री ह्री ह्री ह्री ह्री हूँ हूँ हूँ हूँ हूँ हूँ हूँ क्लीं क्लीं क्लीं ल्कीं ल्कीं ल्कीं क्लीं क्लीं ॐ ॐ ॐ ॐ ॐ ॐ ॐ फट् स्वाहा।

मम परिवारकस्य कृतमन्त्रयन्त्र-तन्त्र-हवनकृतौषधविषचूर्ण-शस्त्राद्यभिचार -सर्वोपद्रवादिकं येन कृतं कारितं कुरुते करिष्यति वा तान् सर्वान् हन हन स्फारय स्फारय सर्वतो रक्षां कुरु कुरु हूँ हूँ फट् फट् स्वाहा।

हूँ हूँ हूँ हूँ हूँ हूँ हूँ ह्रीं ह्रीं ह्रीं ह्रीं ह्रीं ह्रीं ह्रीं क्लीं क्लीं क्लीं क्लीं क्लीं क्लीं क्लीं ओं ओं ओं ओं ओं ओं ओं फट् फट् स्वाहा।

ॐ हूं ह्रीं क्लीं ओं ग्रं विपरोतप्रत्यङ्गिरे मम सपरिवारकस्य शत्रवः कुर्वन्ति करिष्यन्ति शत्रुश्चकारयामास कारयन्ति करयिष्यन्ति यान्या

कृत्यान्तैः सार्धं तांस्तां विपरीतां कुरु कुरु नाशय नाशय मारय मारय श्मशानस्थानं कुरु कुरु कृत्यादिकां क्रियां भावि-भूत-भवच्छत्रूणां यावत्कृत्यादिकां क्रियां विपरीतां कुरु कुरु तान् डाकिनीमुखे हारय हारय भीषय भीषय त्रासय त्रासय परमशमनरूपेण हन हन धर्म्मावच्छित्रनिर्वाणं हर हर तेषाम् इष्टदेवानां शासय शासय क्षोभय क्षोभय प्राणादि-मनोबुद्ध्यहङ्कार-क्षु-त्तृष्णा कर्षणालयन-आवागमनमरणादिकं नाशय नाशय हूँ हूँ ह्रों ह्रीं क्लीं क्लीं ॐ ॐ फट् फट् स्वाहा।

क्षं लं हं सं षं शं वं लं रं यं मं भं बं फं पं नं धं दं थं तं णं ढं डं ठं टं ञं झं जं छं चं ङं घं गं खं कं अः अं औं ओं ऐं एँ लॄँ लृँ ॠँ ऋँ ऊँ उँ ईं इँ आँ ग्रं हूँ हूँ हूँ हूँ हूँ हूँ हूँ ह्रीं ह्रीं ह्रीं ह्रीं ह्रीं ह्रीं ह्रीं क्लीं क्लीं ल्कीं ल्कीं ल्कीं ल्कीं ल्कीं ॐ ॐ ॐ ॐ ॐ ॐ ॐ विपरीतप्रत्यङ्गिरे हूँ हूँ हूँ हूँ हूँ हूँ हूँ ह्रीं ह्रीं ह्रीं ह्रीं ह्रीं ह्रीं ह्रीं ल्कीं ल्कीं ल्कीं ल्कीं ल्कीं ल्कीं ल्कीं ॐ ॐ ॐ ॐ ॐ ॐ ॐ फट् स्वाहा।

क्षं लं ह सं षं शं वं लं रं यं मं भं बं फं पं नं धं दं थं तं णं ढं डं ठं टं ञं झं जं छं चं ङं घं गं खं कं अः अं औं ओं ऐं एं लृं लृं ॠं ऋं ऊं उं ईं इं आँ ग्रं हूं हूं हूं हूं हूं हूं हूं ह्रीं ह्रीं ह्रीं ह्रीं ह्रीं ह्रीं ह्रीं क्लीं क्लीं क्लीं क्लीं क्लीं क्लीं क्लीं ओं ओं ओं ओं ओं ओं ओं फट् फट् स्वाहा।

ग्रंः अं औं ओं ऐं एं लृं लृं ॠं ऋं ऊं उं ईं इं आँ अं ङं घं गं खं कं ञं झं जं छं चं णं ढं डं ठं टं नं धं दं थं तं मं भं बं फं पं क्षं लं हं सं षं शं वं लं रं यं ॐ ॐ ॐ ॐ ॐ ॐ ॐ मम सपरिवारकंस्य स्थाने शत्रूणां कृत्यान् सर्वान् विपरीतान् कुरु कुरु तेषां तन्त्र-मन्त्र-तन्त्रार्चन-श्मशानारोहण-भूमिस्थापन-भस्मप्रक्षेपण-पुरश्चरण-होमाभिषेका दिकान् कृत्यान् दूरी कुरु कुरु हूँ विपरीतप्रत्यङ्गिरे मां सपरिवारकं सर्वतः सर्वेभ्यो रक्ष रक्ष हूँ ह्रीं फट् स्वाहा।

ग्रं आं इं ईं उं ऊं ऋं ॠं लृं लृं एं ऐं ओं औं अं ग्रंः कं खं गं घं ङं चं छं जं झं ञं टं ठं डं ढं णं तं थं दं धं नं पं फं बं भं मं यं रं लं वं शं षं सं हं लं क्षं ॐ क्लीं ह्रीं श्रीं ॐ क्लीं ह्रीं श्रीं ॐ क्लीं ह्रीं श्रीं ॐ क्लीं ह्रीं श्रीं ॐ क्लीं ह्रीं श्रीं ॐ ल्कीं ह्रीं श्रीं ॐ ल्कीं ह्रीं श्रीं ॐ हूं ह्रीं ल्कीं ॐ विपरीतप्रत्यङ्गिरे हूं ह्रीं ल्कीं ॐ फट् स्वाहा।

ॐ ल्कीं ह्रीं श्रीं ॐ ल्कीं ह्रीं श्रीं ॐ क्लीं ह्रीं श्रीं ॐ क्लीं ह्रीं श्रीं ॐ क्लीं ह्रीं श्रीं अं आं इं ईं उं ऊं ऋं ॠं लृं लृं एं ऐं ओं औं अं ग्रंः कं खं गं घं ङं चं छं जं झं ञं टं ठं डं ढं णं तं थं दं धं नं पं फं बं भं मं यं रं लं वं शं षं सं हं लं क्षं विपरीतप्रत्यङ्गिरेमम सपरिवारकस्य शत्रूणांविपरीतक्रियां नाशय नाशय त्रुटिं कुरु कुरु तेषा-

मिष्टदेवतादिविनाशं कुरु कुरु सिद्धिम् अपनय-अपनय विपरीतप्रत्यङ्गिरे शत्रु-मर्दिनि भयंकरि नानाकृत्यामर्दिनि ज्वालिनि महाघोरतरे त्रिभुवनभ करि शत्रूणां मम सपरिवारकस्य चक्षुः श्रोत्राणि पादौ सर्वतः सर्वेभ्यः सर्वदा रक्षां कुरु कुरु स्वाहा।

श्रीं ह्रीं ऐं ओं वसुन्धरे मम सपरिवारकस्य स्थानं रक्ष रक्ष हूं फट् स्वाहा।
श्रीं ह्रीं ऐं ॐ महालक्ष्मि मम सपरिवारकस्य पादौ रक्ष रक्ष फट् स्वाहा।
श्रीं ह्रीं ऐं ओं चण्डिके मम सपरिवारकस्य जंघे रक्ष रक्ष हूं फट् स्वाहा।
श्रीं ह्रीं ऐं ओं चामुण्डे मम सपरिवारकस्य गुह्यं रक्ष रक्ष हूं फट् स्वाहा।
श्रीं ह्रीं ऐं ओं इन्द्राणि मम सपरिवारकस्य नाभि रक्ष रक्ष हूँ फट् स्वाहा।
श्रीं ह्रीं ऐ ओं नारसिंह मम सपरिवारकस्य बाहू रक्ष रक्ष हूँ फट् स्वाहा।
श्रीं ह्रीं ऐं ओं वाराहि मम सपरिवारकस्य हृदयं रक्ष रक्ष हूं फट् स्वाहा।
श्रीं ह्रीं ऐं ओं वैष्णवि मम सपरिवारकस्य कण्ठं रक्ष रक्ष हूं फट् स्वाहा।
श्रीं ह्रीं ऐं ओं कौमारि मम सपरिवारकस्य वक्त्रं रक्ष रक्ष हूं फट् स्वाहा।
श्रीं ह्रीं ऐं ओं माहेश्वरि मम सपरिवारकस्य नेत्रे रक्ष रक्ष हूं फट् स्वाहा।
श्रीं ह्रीं ऐं ओं ब्रह्माणि मम सपरिवारकस्य शिरो रक्ष रक्ष हूं फट् स्वाहा।
हूं ह्रीं क्लीं ओं विपरीतप्रत्यङ्गिरे मम सपरिवारकस्य छिद्रं सर्वगात्राणि रक्ष रक्ष हूं फट् स्वाहा।

> सन्तापिनी संहारिणी रौद्री च भ्रामिणी तथा।
> जृम्भिणी द्राविणी चैव क्षोभिणी मोहिनी ततः।।24।।
> स्तम्भिनी चांऽशरूपास्ताः शत्रुपक्षे नियोजिताः।
> प्रेरिताः साधकेन्द्रेण दुष्टशत्रुप्रमर्दिकाः।।25।।

ॐ संतापिनि स्फ्रें स्फ्रें मम सपरिवारकस्य शत्रून् रौद्रय रौद्रय हूं फट् स्वाहा। ॐ संहारिणि स्फ्रें स्फ्रें मम सपरिवारकस्य शत्रून् संहारय संहारय हूँ फट् स्वाहा। ॐ रौद्रि स्फ्रें स्फ्रें मम सपरिवारकस्य शत्रून् रौद्रय रौद्रय हूँ फट् स्वाहा। ॐ भ्रामिणी स्फ्रें स्फ्रें मम सपरिवारकस्य शत्रून भ्रामय भ्रामय हूं फट् स्वाहा। ॐ जृम्भिणि स्फ्रें स्फ्रें मम सपरिवारकस्य शत्रून् जृभय हूं फट् स्वाहा। ॐ द्राविणी स्फ्रें स्फ्रें मम सपरिवारकस्य शत्रून् द्रावय द्रावय हूं फट् स्वाहा। ॐ क्षोभिणि स्फ्रें स्फ्रें मम सपरिवारकस्य शत्रून् क्षोभय क्षोभय हूं फट् स्वाहा। ॐ मोहिनि स्फ्रें स्फ्रें मम सपरिवारकस्य शत्रून् मोहय मोहय हूं फट् स्वाहा। ॐ स्तम्भिनि स्फ्रें स्फ्रें मम सपरिवारकस्य शत्रून् स्तम्भय स्तम्भय हूँ फट् स्वाहा।

1 सन्तापिनी, 2 संहारिणी, 3 रौद्री, 4 भ्रामिणी, 5 जृम्भिणी, 6 द्राविणी, 7 क्षोभिणी, 8 मोहिनी, 9 स्तम्भिनी–ये नव महाविद्याएँ साधक की प्रेरणा से शत्रुपक्ष में अंशरूप से नियोजित होने पर समस्त दुष्ट शत्रुओं का संहार करती हैं।। 24-25।।

ये नीचे लिखे नव महाविद्याओं के मन्त्र हैं।

फलश्रुति

घृणोति य इमां विद्यां श्रृणोति च सदाऽपि ताम्।
यावत्कृत्यादि शत्रूणां तत्क्षणादेव नश्यति।।1।।

फलश्रुति—जो लोग इस महाविद्या को सदैव वरण तथा श्रवण करते हैं, उसी समय से उनके शत्रुओं के समस्त प्रयत्न निष्फल हो जाते हैं।।1।।

मारणं शत्रुवर्गाणां रक्षणाय चात्मपरम्।
आयुवृंद्धि-र्यशोवृद्धिस्तेजोवृद्धिस्तथैव च।।2।।

यह स्तोत्र या मन्त्र शत्रुवर्गो को मारने वाला है तथा साधक की रक्षा करता हैं। उस पुरूष की आयु की वृद्धि, यश की वृद्धि तथा तेज की वृद्धि होती है।।2।।

कुबेर इव वित्ताढयः सर्वसौख्यमवाप्नुयात्।
वाय्वादीनामुपशमं विषमज्वरनाशनम्।।3।।

इस मन्त्र तथा स्तोत्र का जप करने वाला कुबेर के समान धनवान् होकर सारे सुखों का उपभोग करता हैं। इस मन्त्र के जप से वायुरोग तथा विषम ज्वर का नाश हो जाता हैं।।3।।

परवित्तहरा सा वै परप्राणहरा तथा।
परक्षोभादिककरा तथा सम्पत्करा शुभा।।4।।

यह स्तोत्र शत्रुओं के धन तथा प्राण का अपहरण करने वाला हैं, तथा शत्रुवर्ग के अन्तःकरण में क्षोभ (क्लेश) पैदा कर साधक को सम्पति प्रदान करता हैं।।4।।

स्मृतिमात्रेण देवेशि! शत्रुवर्गा लयं गताः।
इदं सत्यमिदं सत्यं दुर्लभा दैवतैरपि।।5।।

हे देवेशि, इस स्तोत्र के स्मरण मात्र से ही शत्रुवर्ग नष्ट हो जाते हैं—यह सत्य हैं, यह सत्य हैं। यह स्तोत्र देवताओं को भी दुर्लभ हैं।।5।।

शठाय परशिष्याय न प्रकाश्या कदाचन।
पुत्राय भक्तियुक्ताय स्वशिष्याय तपस्विने।
प्रदातव्या महाविद्या चात्मवर्गप्रदा यतः।।6।।

शठ (मूर्ख) तथा दूसरे से दीक्षा लेने वाले शिष्य को यह विद्या नहीं देनी चाहिये। यह विद्या केवल अपने पुत्र तथा भक्ति से युक्त अपने शिष्य और तपस्वी को ही देनी चाहिए, क्योंकि इस विद्या को आत्मवर्ग में ही देने का विधान हैं।।6।।

विना ध्यानौविना जापैर्विना पूजा विधानतः।
विना षोढा विना ज्ञानैर्मोक्षसिद्धिः प्रजायते॥7॥

यह विद्या ध्यान, जप, पूजा, सेवा तथा ज्ञान के बिना ही मोक्ष-सिद्धि को देने वाली हैं॥7॥

परनारीहरा विद्या पररूपहरा तथा।
वायुचन्द्रस्तम्भकरा मैथुनानन्दसंयुता॥8॥

यह विद्या शत्रुवर्ग के नारी तथा रूप का अपहरण करने वाली है तथा वायु, सूर्य एवं चन्द्रमा की गति को स्तम्भित करने वाली है, और मैथुन के समान आनन्द देने वाली हैं॥8॥

त्रिसन्ध्यमेकसन्ध्यं वा यः पठेत् भक्तिः सदा।
सत्यं वदामि देवेशि! मम कोटिसमो भवेत्॥9॥

जो लोग तीनों सन्ध्या में अथवा एक सन्ध्या में भक्तिपूर्वक पाठ करते हैं हे देवेशि, मैं सत्य कहता हूँ कि वे लोग मुझसे करोड़ों गुना अधिक हैं॥9॥

क्रोधादेव गणाः सर्वे लयं यास्यन्ति निश्रितम्।
किं पुनर्मानवा देवि! भूत-प्रेतादयो मृताः॥10॥

उस मनुष्य के क्रोधमात्र से मेरे गण नष्ट हो जाते हैं फिर मनुष्यों की बात ही क्या? और भूत-प्रेतादि तो मरे ही हुए हैं॥10॥

विपरीता समा विद्या न भूता न भविष्यति।
पठनान्ते परब्रह्म विद्या सभास्करा तथा।
मातृकां पुटितं देवि! दशधा प्रजपेत् सुधीः॥11॥

इस विपरीत प्रत्यङ्गिरा महाविद्या के समान आज तक न तो कोई विद्या हुई हैं और न होगी। सूर्य के समान तेजस्विनी इस महाविद्या के पाठ मात्र से ही मनुष्य परब्रह्म के समान समर्थ हो जाता हैं॥11॥

वेदादियुटिका देवि! मातृकानन्तरूपिणि।
तथा हि पुटितां विद्यां प्रजपेत् साधकोत्तमः॥12॥

भगवान् शंकर पार्वती से कहते हैं कि, हे देवि! मातृका से सम्पुट कर इस महाविद्या का साधक को दस बार पाठ करना चाहिए। हे अनन्तरूपिणी मातृके! तुम वेदादि से सम्पुटित हो। इस प्रकार साधक को सम्पुटित कर प्रत्यंङ्गिरा स्तोत्र का पाठ करना चाहिए॥12॥

ॐ ॐ ॐ ॐ ॐ ॐ ॐ ग्रँ आं इँ ईं उँ ऊँ ऋँ ॠँ लृँ लॄँ एँ ऐं ओं
औं अँ ग्रँः कँ खँ गँ घँ ङँ चँ छँ जँ झँ ञँ टँ ठँ डँ ढँ णँ तँ थँ दँ धँ
नँ पँ फँ बँ भँ मँ यँ रँ लँ वँ शँ षँ सँ हँ लँ क्षँ ॐ ॐ ॐ ॐ ॐ ॐ

ॐ विपरीत-परब्रह्म-महाप्रत्यङ्गिरे ॐ ॐ ॐ ॐ ॐ ॐ ॐ अँ आँ इँ ईं उँ ऊँ ऋँ ॠँ लृँ लॄँ एँ ऐं ओं औं अँ अँः कँ खँ गँ घँ ङँ चँ छँ जँ झँ ञँ टँ ठँ डँ ढँ णँ तँ थँ दँ धँ नँ पँ फँ बँ भँ मँ यँ रँ लँ वँ शँ षँ सँ हँ लँ क्षँ मम सपरिवारकस्य सर्वेभ्यः सर्वतः सर्वदा रक्षां कुरु कुरु मरण-भयापन-पापनयत्रिजगतां पररूपवित्तायुर्मे सपरिवारकाय देहि देहि दापय साधकत्वं प्रभुत्वं च सततं देहि देहि मां सपरिवार कस्य मां पश्येत्तु देहिनः सर्वे हिसकाः प्रलयं यान्तु मम सपरिवारकस्य शत्रूणां बलबुद्धिहानि कुरु कुरु तान् ससहायान् स्वेष्ट्देवतान् संहारय संहारय स्त्रादीनि स्वाचारमपनयाडपनयब्रह्मा व्यर्थीकुरु हूं हूं स्फ्रें स्फ्रें ठः ठः फट् फट् ॐ।

मनो जित्वा जपेल्लोकं भोगं रोगं तथा जयेत्।
दीनतां हीनतां जित्वा कामिनीं निर्वाणपद्धतिम्।।

मातृका विद्या इस स्तोत्र में निम्न प्रकार निर्दिष्ट हैं।

साधक अपने मन को वश में कर तथा दीनता एवं हीनता का परित्याग कर भोग, रोग, कामिनी तथा मोक्ष को भगवती के निमित्त अर्पण कर इस स्तोत्र का पाठ तथा जप करे।।**13**।।

प्रत्यंङ्गिरा पुरश्चरण विधि

ध्यानम् (मेरुतन्त्रे)

अथाऽतः सम्प्रवक्ष्यामि परकृत्य-निवारिणीम्।
देवीं प्रत्यङ्गिरां नाम सर्वापद्-विनिवारिणीम्॥

ॐ अँ कँ चँ तथा टँ तँ पँ ह्यँ श्रीं ह्रीं समुच्चरेत्।
हुँस उक्त्वा हुँ तथाऽस्त्रं स्वाहान्तं षोडशाक्षरः॥

मुनिर्विधाता छन्दोष्णिग् देवताः षट् प्रकीर्तिताः।
महावायुर्महापृथ्वी महाकाशस्तथैव च॥

महासमुद्रनामा च महापर्वत एव च।
महाग्निश्चेति हुँ बीजं ह्रीं शक्तिः परिकीर्तिता॥

लज्जया तु षडङ्गानि षड्दीर्घाविन्तयाऽऽचरेत्।
मन्त्रदेवींस्ततो मन्त्री ध्यायेत् सुस्थिरमानसः॥

ध्यानम्

नानारत्नार्चिराक्रान्तं वृक्षाम्भःस्त्रवणैर्युतम्।
व्याघ्रादिपशुभिर्व्याप्तं सानुयुक्तं गिरिं स्मरेत्॥

मत्स्य-कूर्मादि-बीजाढ्यं नवरत्न-समन्वितम्।
घनच्छायं सकल्लोलमकूपारं विचिन्तयेत्॥

ज्वालावली-समाक्रान्तं जगत्-त्रितयमद्भुतम्।
पीतवर्णं महावह्निं संस्मरेच्छत्रुशान्तये॥

त्वरा समुत्थरावौघमलिनं रुद्धभूदिवम्।
पवनं संस्मरेद् विश्वजीवनं प्राणरूपतः॥

नदी-पर्वत-वृक्षादि-कलिताग्रास-सङ्कुला।
आधारभूता जगतो ध्येया पृथ्वीह मन्त्रिणा॥

सूर्यादिग्रह-नक्षत्र-कालचक्र-समन्वितम्।
निर्मलं गगनं ध्यायेत् प्राणिनामाश्रयः पदम्॥

पुरश्चरणमाह

एवं षड्देवता ध्यात्वा सहस्राणि तु षोडश।
जपेन्मन्त्रं दशांशेन षड्द्रव्यैर्होममाचरेत्॥
व्रीहयस्तण्डुला आज्यं सर्षपाश्च यवास्तिलाः।
एतैर्हुत्वा यथाभागं पीठे पूर्वोदिते यजेत्॥

मालामन्त्रस्तत्रैव

अथ प्रत्यङ्गिरा-माला-मन्त्रः सिद्धः प्रकीर्त्यते।
ॐ ह्रीं नमः कृष्णवाससेशतेविश्वसाहस्रहिम्॥
सिनि सहस्रवदने महाबले पराजिते।
प्रत्यङ्गिरे पदसैन्य-परकर्मपदं वदेत्॥
विध्वंसिनि परमन्त्रोत्सादिनीति ततो वदेत्।
सर्वभूतेति दमनि सर्वदेवान वदेत् ततः॥
बन्धयुग्मं सर्वविद्या द्विश्छिन्धि क्षोभयद्वम्।
परयन्त्राणीति वदेत् स्फोटय द्वितीयं॥
सर्वश्रृङ्खलाँस्त्रोटय त्रोटय ज्वल चोच्चरेत्।
ज्वालाजिह्वे करालेति वदने प्रत्यमुच्चरेत्॥
गिरे ह्रीं नम इत्येष सपादशतवर्णवान्।
ब्रह्माऽनुष्टुब् मुनिश्छन्दो देवी प्रत्यङ्गिरा मता॥
बीजशक्ती तारमाये कृत्यानाशेति योजनम्।
षडङ्गानां विधिश्चाऽत्र षड्दीर्घान्वितमायया॥

ध्यानम्

सिंहारूढाऽतिकृष्णाङ्गी ज्वालावक्त्रां भयङ्कराम्।
शूलखड्गकरां वस्त्रे दधतीं नूतने भजे॥

पुरश्चरणम्

अयुतं प्रजपेन्मन्त्रं सहस्त्रं तिलराजिकाः।
हुत्वा सिद्धिमनुर्मन्त्री प्रयोगेषु शतं जपेत्॥

ग्रह-भूतादिकारिष्टं सिञ्चेन्मन्त्रं जपन् जलैः।
विनाशयेत् परकृतं यन्त्र-मन्त्रादि-साधनम्॥

प्रत्यंङ्गिरायन्त्रम् (मेरुतन्त्रे)

त्रिकोणं च चतु:पत्रं वसुपत्रं ततः परम्।
कलापत्रं च भूविम्बं चतुरस्त्रत्रयावृतम्॥

प्रत्यंङ्गिरा मन्त्र अन्य मन्त्रों की तुलना में अत्यन्त गोपनीय दुर्लभ व श्रमसाध्य हैं। इसकी आवरण पूजा भी श्री विद्या में दीक्षित साधकों को ही पता हैं। जो सज्जन प्रत्यंङ्गिरा यन्त्र सिद्ध किया हुआ प्राप्त करना चाहते हैं, वे कृपाकर कार्यालय में सीधा सम्पर्क करें या व्यक्तिगत रूप में मिलेगें तो उन्हें प्रत्यंङ्गिरा यन्त्र की प्राप्ति हो जायेगी। यह यन्त्र पूजा स्थल में प्रतिष्ठापित करने के लिए भूपृष्ठ आकार में उपलब्ध हैं तथा कवच रुप में गले में धारण करने योग्य सुवर्णपत्र पर भी उपलब्ध कराया जा सकता है। प्रबुद्ध पाठकों को यह विधि ध्यानपूर्वक गम्भीरता से समझनी चाहिए।